사자
소가 되어
학으로 날다

사자 소가 되어 학으로 날다

글 **고석헌**   그림 **정세종**

정글의 왕, 사자에게 사자소학을 가르쳤더니
우직한 소가 되어 마침내 훨훨~ 학으로 날아가는 이야기

자녀 인성 교육서 및 자녀 대화법
암기력과 집중력을 동반한 자기주도 학습 능력서

좋은땅

아빠! 저 이렇게 키워 주세요

부모로서 자식이 행복하게 살아가기를 바라는 것은 시대를 관통하여 이루어지는 진실이며 역사인 듯합니다. 자녀에 대한 행복의 기준이 저마다 다르겠으나, 건강과 인성 그리고 학업 역량 정도면 충분조건이 되지 않을까 싶습니다. 저 또한 같은 심정이었으며 어떻게 키워 주어야 할지 고민이 많았었습니다. 결국 찾았던 것은 '인성'이었고, 이 부분이 잘 발현되면 나머지도 잘 해결될 가능성이 많으리라 여겼습니다.

현재 중학교 2학년 딸과 고등학교 2학년 아들에게 10살 이전에 효행 편, 부부 편, 형제 편, 스승 편, 친구 편, 수신 편으로 구성되어 있는 사자소학(四字小學)을 음훈과 해석 성독 순으로 읽어 주었습니다. 성장해 가며 주변 분들과 학교 선생님들께서 꼭 하셨던 말씀이 "남영이, 영은이 인성이 너무 좋다."라는 말이었습니다. 저는 여러 가지 이유도 있었겠지만, 으뜸으로 사자소학 공부에서 원인을 찾았습니다.

이 세상에 태어난 아이들은 그 자체가 사랑입니다. 사랑 덩어리인 자식에게 오류에 바탕을 둔 내용을 공부시켜 주고 의미들이 몸에 체화되게 하니 성장해 가면서 자신을 더욱 빛나게 해 주었을 것입니다. 인간의 사랑인 인성은 열 살 이전까지 무엇을 가르쳐 주느냐에 따라 이후의 성장과정이 달라진다고 합니다. 우리가 살아가는 주변을 돌아보면 부모, 형제, 부부, 스승, 친구와의 관계가 중심입니다. 유년기에는 첫 번째가 부모형제요, 청소년기에는 친구와 스승이며, 이십 대 이후에는 부부와 확장된 개념의 친구가 우리 삶을 영위하게 합니다. 결국 사람입니다. 사람으로 온전하게 성장해 가는 가장 중요한 시기가 바로 유년기라는 사실을 우리는 잘 알고 있습니다. 그래서 교육환경과 부모 역할이 중요하다고 하겠습니다.

가정에서 대화가 소원해져 양질의 의사소통이 요구되는 시대를 살고 있는 지금. 아이들과 사자소학을 공부하며 3년여 시간 동안, 그 수준의 눈높이로 이야기를 하다 보니 깜짝깜짝 놀랄 만한 대화로 이어졌습니다. 그냥 흘려버리기에 아쉬운 내용들을 메모해 놓았더니 이렇게 성장일기 같은 스토리가 만들어지고, 외람되게 책으로까지 나오게 되었습니다. 또한, 지금도 초등학생과 중학생들에게 사자소학을 가르치면서 인성과 물질의 조화를 이룰 수 있는 교육적 대안으로 이만한 배움이 없다는 확신이 생겼습니다. 인성교육의 필요성이 대두되어 가는 시대에 인성을 이야기해 줄 수 있는 내용이 바로 사자소학이기 때문입니다. 이에 제 자식을 위한 책으로, 나아가 유아들과 청소년들을 위한 책으로 2015년에 발행하였다가 현시대에 맞게 다시 재구성하였습니다. 그중 수신 편의 내용에 의미와 깊이를 더하여 추가하였으니 시대에 뒤떨어졌다 여기지 말고, 바르게 익히고 실천하여 인성이 물질에 가려 아이들이 건강하지 못한 삶을 살아가지 않기를 바라는 마음입니다.

끝으로 이 책이 나오기까지 힘써 주신 좋은 땅 출판사 관계자분께 머리 숙여 감사한 마음을 전해 드리며, 그 외에 도움을 주신 분들께도 고마움을 표합니다.

2022년 1월 1일

사자소학을 통한 자기 주도 학습 연구소 소장 고석헌

학교에서는 해마다 학년 말이면 다음 해 교육계획 수립을 위한 교육과정 설문과 워크숍이 진행된다. 4차 산업혁명의 바람으로 많은 변화를 가져오고 있는 요즘, 학교교육에서 중점적으로 추진해야 할 교육으로 학부모와 교직원 모두 인성 교육을 꼽고 있다. 이는 초등학교에서의 인성 교육은 일상생활에 필요한 기본적인 예절과 가치관 형성에 매우 중요한 시기이기 때문이다.

우리 선조들은 오륜을 바탕으로 생활 규범을 가르치기 위해 서당에서 공부할 때 배우게 한 것이 '사자소학'이었다. 사자소학은 오래전에 쓰인 고전 교육 지침서로서 지켜야 할 덕목과 몸가짐을 바로 하기 위한 내용을 담고 있어 지금도 인성 교육에 많이 애용되고 있다. '사자 소가 되어 학으로 날다' 이 책은 제목부터 재미있다. 일상의 에피소드를 대화체로 구성한 것이 더 생생하게 와닿았으며 재미있고 쉽게 읽을 수 있었다. 읽는 내내 입가에 미소를 머금고, 한편으로는 사자소학에 담긴 의미를 새기며 지금 나의 자녀교육도 되돌아보게 되었다. 사자소학으로 자녀교육을 실천한 실제 경험을 통해 부모로서 어떤 마음과 자세로 자녀에게 다가가야 하는지를 알게 해 주었다. 그래서 이 책은 자녀 인성교육뿐만 아니라 부모 인성교육 지침서로서도 충분한 가치가 있다고 본다.

2022년 1월 5일

경기도 시흥시 산현초등학교 교장 이선영

추천의 글 Ⅱ

    지금 시대에 조금은 생소한 사자소학 책을 가지고 3년여 시간 동안 자녀들과 공부하며 가족 간의 유쾌한 대화를 통해 아이들이 성장해 가는 모습이 아주 인상적인 내용이었다. 또한 인성뿐만 아니라 집중력과 암기력을 향상함으로써 자기 주도적인 학습을 할 수 있도록 도와주는 책이라는 것에 놀라웠다.

    기존에 보지 못했던 대화체의 독특한 형식의 이야기는 자연스럽게 효행, 형제, 스승, 친구, 수신 편을 읽어 내려갔다. 사자소학을 가르치며 이야기 내용을 각각의 사자소학 원문과 함께 연결하여 인성이 곧 사랑이라는 것을 녹여 냄으로써 이 책의 목적에 친근하게 접근할 수 있었다. 교육은 학교교육만 가지고는 부족하다. 가정교육과 사회교육이 동반되었을 때 학교교육의 효과는 배가 된다. 그 가정에서 가장 중요한 것 중 하나가 인성교육이다. 오륜을 중심으로 사랑을 통한 말과 행동이 자녀들 인성에 얼마나 중요한지를 보여 주었다. 부모는 부모답게, 아이는 아이답게 성장해 가는 길을 제시하는 안내서이며 길잡이가 되는 책이 아닐 수 없다. 부모가 되려고 준비하는 분들이나, 좋은 인성과 공부 열심히 하는 자녀로 키우고 싶어 하는 부모님들께 일독을 권하는 바이다.

2022년 1월 7일

전라북도 고창 상하초등학교 교장 표효숙

목차

제1장　수신 편 Ⅰ

제2장 효행편

제3장 **형제 편**

제4장 **스승 편**

제1장

수신 편 |

아빠가 주는 선물

본래 이름 외에 좀 더 친근하고, 다정하게 소통하기 위하여 평상시 애칭을 만들어 부른다. 아빠는 석복이, 엄마는 꾸꾸, 아들은 우탕이, 딸은 살살이.

2019년 12월 7일 딸아이 초등학교 6학년 졸업 선물로 무엇을 해 줄까 고민하던 중 살살이에게 2, 3학년 때 읽어 주었던 사자소학을 다시 한번 공부하면 에어팟을 사 준다고 했더니 좋아하며 그날부터 시작하였다. 그런 후 나는 살살이에게 사자소학과 에어팟을 가지고 밀당하는 날이 많아졌다.

석복이: 살살아!

　　　석복이 물 먹고 싶어!

살살이: 응~~~

　　　냉장고에 물 있으니 알아서 드셔.

석복이: 아니, 살살이가 갖다 달라고.

살살이: (못 들은 척하고 아무 대답 없는 살살이)

　　　· · ·

석복이: 살살아!

　　　에어팟이 막 달아나려고 해.

살살이: (침대에 누워 있다가 벌떡 일어나면서 하는 말)

석복!

지금 막 가고 있어.

석복이: 어~~~

안 보이는데.

살살이: (후다닥 물을 가져오며 하는 말) 석복!

물 여기 있어요!

석복이: ㅋ ㅋ ㅋ

사랑한다. 딸아!

살살이의 갑질

그러던 어느 날부터는 살살이가 매일 사자소학 공부가 끝나면, 나를 자꾸 부르며 갑질을 한다.

살살이: 석복!

　　　　내 방으로 좀 와 봐.

석복이: 아!

　　　　왜~~~

살살이: (재촉하며) 빨리!

석복이: 알았어.

　　　　가고 있어.

살살이: (살살 웃으며) 석복!

　　　　물 좀 갖다 줘.

석복이: (황당한 표정으로) 싫어!

살살이: 싫어!!

　　　　지금 싫다고 했어.

　　　　그럼, 나 사자소학 안 한다.

석복이: ㅋㅋㅋ

　　　　아니~~~

갖다 드려야지요!

살살이: 옳지!

딸 말도 잘 들어야지.

석복이: 에~~~휴.

어째 상황이 이상하게 돌아가지만, 살살이의 행동을 보며 나의 의도를 정확히 파악하고 대처하는 것에 기특한 생각이 들어 웃지 않을 수 없었다.

오늘 수업 끝

사자소학 공부를 할 때마다 음훈과 해석, 그리고 글을 소리 내어 읽는 성독을 하게 한 후, 살살이가 지루하지 않게 역할을 바꾸어 선생님처럼 나에게 설명하고 배운 것을 똑같이 가르쳐 보라고 시킨다.

석복이: 살살아!

이제 네가 선생님이야.

적선지가積善之家는 필유여경必有餘慶이요,

불선지가不善之家는 필유여앙必有餘殃이니라.

선을 쌓는 집은 반드시 후에 경사가 있고,

선을 쌓지 않는 집은 반드시 후에 재앙이 있느니라.

이것을 음훈, 해석, 그리고 성독을 하며 나에게 알려 줘.

살살이: 알았어!

(나를 바라보면서) 말 안 듣고, 공부 안 하는 학생!

허리 펴고 똑바로 앉아요.

(그러면서 자기도 자세를 바로 하더니) 오늘 수업 끝!

석복이: ㅋ ㅋ ㅋ

살살아!

　선을 쌓는 집이란 어떤 집을 말하는 것일까? 선이란 두 가지를 잘하면, 우리 집에 좋은 일들이 일어나리라 본다. 첫 번째는 "네, 알겠습니다." 하며 말을 예쁘게 하는 것이고, 두 번째는 그것을 바로 '행동'으로 옮기는 일이다. 이에 해당되는 일들이 무엇인지 잘 생각해 보고, 꼭 그대로 하며 지금을 살아가기 바란다.

　세상에 존재하는 모든 것은 다 사랑이며, 사랑은 각자의 쓰임이 있어 그 소명을 다하고 사라져 간다. 엄마, 아빠가 사랑으로 너와 오빠를 낳았으니 너희들은 사랑이다. 사랑이 없었으면 너와 오빠는 이 세상에 올 수도 없었고, 왔다 해도 부정적인 사랑으로 존재할 것이다. 부정은 사랑을 해롭게 하고, 긍정은 사랑을 이롭게 하는 것이니 긍정적으로 하는 예쁜 말과 생각, 행동이 그 집을 행복하게 해 주고 너희들을 살려 주는 일임을 잊지 말거라.

積善之家는

必有餘慶이요

不善之家는

必有餘殃이니라

(해설)

쌓을 **적** 착할 **선** 어조사 **지** 집 **가**
積 善 之 家
: 선을 쌓은 집은,

반드시 **필** 있을 **유** 남을 **여** 경사 **경**
必 有 餘 慶
: 반드시 후에 경사가 있는 것이요,

아니 **불** 착할 **선** 어조사 **지** 집 **가**
不 善 之 家
: 선을 쌓지 않은 집은,

반드시 **필** 있을 **유** 남을 **여** 재앙 **앙**
必 有 餘 殃
: 반드시 후에 재앙이 있느니라.

逆天者亡 이니라　順天者興 하고　人滿則喪 하니　器滿則溢 하고

(해설)

순할 **순** 하늘 **천** 사람 **자** 일어날 **흥**	그릇 **기** 찰 **만** 곧 **즉** 넘칠 **일**
順 天 者 興	器 滿 則 溢
: 하늘의 뜻에 순응하는 자는 흥하고,	: 그릇이 차면 넘치고,
거스를 **역** 하늘 **천** 사람 **자** 망할 **망**	사람 **인** 찰 **만** 곧 **즉** 잃을 **상**
逆 天 者 亡	人 滿 則 喪
: 하늘의 뜻을 거역하는 자는 망하느니라.	: 사람은 차면 잃으니,

아버지는 왜 할머니에게 엄마라고 해요?

우탕이 5살 때 서당에서 사자소학을 배우면서부터 호칭의 변화가 있었다. 아버지, 어머니라고 부르며 자랐는데 40이 넘어서도 "엄마! 아빠!"라고 부르는 나는 그러지 못하였다. 성인이 된 자식이 나이 드신 부모님께 엄마, 아빠 하는 것도 맞지 않는 대화법이리라. 우탕이 7살 때 주말에 혼자되신 어머니를 찾아뵈러 가는 석복이 가족.

석복이: 우탕아!

　　　　이제 할머니 집 거의 다 왔다.

우탕이: 알아요.

　　　　산모퉁이 지나 집하나 나오고 거기서 쭉 가면 되잖아요.

　　　　아버지랑 많이 와서 찻길을 다 기억해요.

석복이: (미소를 지으며) 기특한 녀석!

우탕이: 그런데 아버지!

　　　　아버지는 왜 할머니에게 엄마라고 불러요?

순간 당황하며 잠시 침묵이 흐른다. 이 순간 나는 아들에게 어떤 대답을 해 줘야 할지 몰라 하다 시치미 뚝 때고 어쩔 수 없는 거짓말을 한다.

석복이: (아무 일 없었다는 듯) 음~~~

아들아!

아버지도 항상 할머니를 어머니라고 불러 드렸는데.

네가 잘못 들은 거 아니야.

좀 있다 할머니 뵈면 어떻게 부르는지, 잘 들어 봐.

우탕이: (의심의 눈초리로 나를 쳐다보며) 어! 아닌데.

시골집에 도착하니 어머니께서 밖에 나와 계신다.

어머니: (함박웃음을 지으시며) 아이고! 내 새끼, 어서들 와.

아빠 차 타고 할미 보러 왔어!

우리 남영이, 영은이 큰 거 봐.

어느새 이렇게 컸다냐?

우탕이, 살살이: (할매 품에 안기며) 할머니!

안녕하세요?

할 매: 어!

그려! 그려!

석복이: (의기양양하게) 어머니! 안녕하세요?

저 왔어요.

어머니: (어머니라는 소리에 조금 당황하시며) 음~~~

어서 와라.

주말에나 좀 쉬지 또 늙은 에미 보러 왔구나.

(그러시면서 눈물을 훔치신다)

석복이: 얘들이 할머니 보고 싶다고 해서 왔어요!

아들아!

들었지? 아버지 원래부터 이랬었어.

우탕이: (진심으로 믿으며 고개를 끄덕인다)

· · ·

어머니: 무슨 말여!

석복이: (살짝 웃으며) ㅋ ㅋ ㅋ

아니에요, 어머니.

다음에 말씀드릴게요.

아버지, 어머니도 할머니께 큰절해야지요?

    우탕이와 살살이는 할머니에게 어려서부터 지금까지 큰절로 인사를 드린다. 그러면 어머니는 꼭 용돈을 주며 안아 준다. 초등학교 1학년, 어머니를 뵙고 돌아오는 날 할머니에게 인사를 하는 남영이.

  우탕이, 살살이: (둘이 나란히 서서) 할머니!
             절 받으세요.
  할　매: 응~~~
        그러소! 그러소!

하시며 자리에 앉으신다. 그때 갑자기 우탕이가 나를 보며 말을 한다.

  우탕이: 아버지, 어머니는 할머니께 큰절로 인사 안 해요?
        같이 절해요.
  석복이, 꾸꾸: (당황해하며)
          어! 그럼, 해야지!

    얼떨결에 우리 부부는 어머니께 큰절을 올렸다. 이 일이 있은 후 시골에 가면 도착해서 다 함께 큰절로 인사드리고, 올 때도 큰절로 인사를 드리게 되었다.

우탕아, 살살아!

  너희들로 인해 부모가 되었지만, 또한 너희들로 인하여 부족함을 많이 채우며 여기까지 왔다. 아빠를 아버지로, 인사를 큰절로 시킬지만 알았지 내가 직접 해야 하는지를 모르고 살았구나. 그것을 깨우쳐 준 남영이, 영은이에게 부끄러움보다는 대견한 마음이 든다. 부모는 자식의 거울이라는데 이제 습이 붙어 버린 나의 생각들을 사자소학의 의미를 넘어 말과 행동으로 보여 주는 너희 남매를 보며 자식이 부모의 거울인 듯 착각할 정도로 잘 커 가는 것에 감사한다. 지금처럼 성장하여 어른이 되었을 때 더 훌륭하고 멋진 엄마, 아빠로서 아비어미를 추억하며 살아가기를 기원해 본다.

修身齊家는
治國之本이요
讀書勤儉은
起家之本이니라

(해설)

읽을 **독** 글 서 부지런할 **근** 검소할 **검**	닦을 **수** 몸 **신** 가지런할 **제** 집 **가**
讀書勤儉	修身齊家
: 책을 읽고 부지런하고 검소함은,	: 몸을 닦고 집 안을 가지런히 하는 것은,
일어날 **기** 집 **가** 어조사 **지** 근본 **본**	다스릴 **치** 나라 **국** 어조사 **지** 근본 **본**
起家之本	治國之本
: 집안을 일으키는 근본이니라.	: 나라를 다스리는 근본이요.

家傳忠孝 하고

世守仁敬 하라

家健萬亨 하고

身和事通 하며

(해설)

집 **가** 전할 **전** 충성 **충** 효도 **효**	집 **가** 건강할 **건** 일만 **만** 형통할 **형**
家 傳 忠 孝	家 健 萬 亨
: 가정에서는 충과 효를 전하고,	: 가정이 건강하면 만사가 형통하고,
세상 **세** 지킬 **수** 어질 **인** 공경할 **경**	몸 **신** 화할 **화** 일 **사** 통할 **통**
世 守 仁 敬	身 和 事 通
: 사회에서는 인과 공경을 지키도록 하라.	: 몸이 화평하면 일이 잘되며,

살살이의 집중력과 암기력, 그리고 창의력

살살이 9~10세 때 사자소학을 한 번 읽어 주었고, 6학년 12월부터 중학교 1학년 10월까지 한 권을 통문으로 암기하였다. 진도가 책의 반절을 넘어선 어느 날 살살이와 이야기를 나누었다.

석복이: 살살아!

　　　이 사자소학이 천재교육이라고 했지? 중학교 1학년 동안 공부하면, 너의 자존감은 높아지고 자신감이 생겨 친구들 사이에서 존재감 또한 커져 갈 거야.

살살이: ㅋㅋㅋ

　　　지금도 충분히 높아.

석복이: 그뿐만 아니라, 머리가 빤짝빤짝 빛나서 공부가 재미있어지고, 너의 노력에 따라 성적도 좋아지며, 학교생활은 더 즐거워질 거란다.

살살이: 그런데 석복!

　　　사자소학을 공부하고 나서 달라진 것이 있어.

석복이: 그것이 뭔데?

살살이: 첫 번째, 집중력이야.

석복이: 살살아!

　　　잠깐만.

혼자 들으면 믿지 않을 것 같아 꾸꾸를 불러 함께 들었다

살살이: 사자소학을 배우기 전까지는 책상 앞에 앉으면 30분 이상 지나야 집중 할

　　　수 있었는데 이것을 공부하고 나서는 5분 정도 지나면 바로 집중이 돼.

　　　두 번째는 암기력이야.

　　　영어학원에 숙제로 단어를 60개나, 120개를 외워 가야 하는데 3번 읽으면

　　　다 외워져 있어.

꾸　꾸: 와!

　　　우리 딸 대단하다.

　　　그럼 오빠가 중학교 3학년 2학기 때 전교 1등 한 것이 사자소학 때문이야?

살살이: 그럴 수도 있지.

석복이: (어깨에 힘 들어가는 석복이)

　　　· · ·

살살이: ㅋㅋㅋ

　　　석복이 우쭐대는 것 좀 봐.

전교 1등! 우당탕탕

사자소학을 우탕이 5~7세 때 한 번 읽어 주고, 5~6학년 2년 동안에는 통문으로 암기를 하게 했다. 공부를 시작하고 6개월쯤 지난 어느 날.

우탕이: 아버지!

저는 책을 보거나 어떤 내용을 보면 왜 안 잊어버려요?

석복이: 응!

그건 아버지를 닮아서 그러는 거야.

(사실은 아닌데) ㅋㅋㅋ

또, 1년이 지난 어느 날에는

우탕이: 아버지!

저는 무엇을 보면 컴퓨터에 찍혀 있듯이 제 머릿속에 찍혀 있어요.

석복이: 응!

그건 어머니를 닮아서 그러는 거란다.

(이 또한 사실이 아닌데) ㅋㅋㅋ

우탕아, 살살아!

그렇단다. 이 공부가 그런 공부이니라. 함께 공부해 보아서 알겠지만, 문장 전체를 통문으로 암기하고 지속적으로 꾸준하게 반복하며 읽다 보니 인성은 말할 것도 없고 집중력과 암기력, 그리고 이해력과 창의성 더 나아가 자기 주도 학습 능력까지도 발현되는 천재교육이란다.

에디슨이 천재는 1%의 영감과 99%의 노력으로 만들어진다라고 하였는데, 이 1% 영감이 99%의 노력에 대해 결정적인 영향을 준다는 사실을 기억해라. 그만큼 큰 영역인 1%의 영감靈感 '신령스러울 영, 느낄 감'이 발현될 수 있도록 아빠가 교육시켜 주고 있는 것이니 잘들 따라오너라. 또한 사람이 사람답게 살아가는 길이 무엇인지에 대한 가르침을 알려 주고 있음을 잊지 말고 부모가 되었을 때, 너희 아이들에게도 꼭 교육해 주기 바란다.

心 志 華 儉
如 在 而 而
大 高 不 不
海 山 侈 陋
하 하 하 하
라 고 며 고

(해설)

뜻**지** 있을**재** 높을**고** 뫼**산**	검소할**검** 말이을**이** 아니**불** 더러울**루**
志 在 高 山	儉 而 不 陋
: 뜻은 높은 산에 있고,	: 검소하나 누추하지 않고,
마음**심** 같을**여** 큰**대** 바다**해**	빛날**화** 말이을**이** 아니**불** 사치할**치**
心 如 大 海	華 而 不 侈
: 마음은 큰 바다와 같아라.	: 화려하나 사치스럽지 않으며,

百行之本은
忍之爲上이니
無忍不達하고
無汗不成이니라

(해설)

없을 **무** 참을 **인** 아니 **부** 통달할 **달**

無 忍 不 達

: 인내하지 않으면 달성할 수 없고,

일백 **백** 행할 **행** 어조사 **지** 근본 **본**

百 行 之 本

: 백 가지 행동의 근본은,

없을 **무** 땀 **한** 아니 **불** 이룰 **성**

無 汗 不 成

: 땀 흘리지 않으면
성공할 수 없느니라.

참을 **인** 어조사 **지** 될 **위** 윗 **상**

忍 之 爲 上

: 참는 것이 으뜸이니,

돌계단

우탕이가 초등학교 2학년이던 12월 어느 날 밤, 첫눈이 내리고 있다. 내일은 조찬 모임이 있고 교통 도우미가 있는 날이라 걱정되는 마음으로 잠을 청했다. 새벽 6시! 우탕이 학교는 천변을 건너가거나 차로 데려다주어야 한다. 물이 넘치지 않을 때는 돌계단을 밟고 등교를 하는데 오늘 아침은 함박눈이 내려 있었다. 빗자루를 들고 아파트 입구에서부터 학교 가는 길목을 쓸기 시작하였다. 50여 미터를 지나 천변 아래로 내려가 앞을 보니 사람들의 발자국은 하나도 없다. 건너편까지는 30여 미터, 60개 정도의 돌 위에 수북이 쌓여 있는 눈을 한번 쓸어 보고 만져 보니 다행히 미끄럽지는 않았다. 돌계단 하나하나를 쓸어 내며 정문 앞까지 치우고 집으로 돌아와 조찬 모임에 갔다.

퇴근 후 저녁밥을 먹으며.

꾸　꾸: 자기가 남영이 학교 가라고 눈 치워 놓았어요?
석복이: 어떻게 알았어!
꾸　꾸: 베란다에 빗자루와 젖은 운동화가 있어서.
석복이: 우리 아들 학교 잘 갔다 오라는 마음에 치워 주고 모임 갔지.

교통 도우미를 하러 걸어가는 엄마와 아들.

우탕이: 엄마!

　　　누가 눈을 다 쓸어 놓았어.

꾸　꾸: 응!

　　　아빠가 남영이 학교 잘 가라고 쓸어 놓은 것 같은데.

우탕이: 아버지가!

　　　정말?

횡단보도를 건너가며 친구들에게 큰 소리로 말하는 남영이.

우탕이: "애들아!

　　　이 계단 우리 아버지가 쓸어 놓은 거야."

너무나 행복해하는 우탕이의 뒷모습으로 아침 햇살이 비치고 있었다.

석복이는 너무 대단해!

학원을 갔다 온 우탕이와 점심을 먹으며 대화를 나눈다.

석복이: 우탕아!

　　　영어 학원 갔다 왔어?

우탕이: 네!

　　　모의고사 잘 보고 왔어요.

석복이: (듣는 둥 마는 둥) 그래!

　　　잘했네.

　　　그런데 너 아침에 깨웠을 때 오늘 학원도 안 가고 공부도 안 한다며 아버지

　　　에게 투덜거렸던 거 기억나니?

우탕이: (웃으면서) 몰라요.

　　　저는 잘 때 깨면 무슨 말을 했는지 모르는데요.

석복이: ㅋㅋㅋ

　　　그렇지.

　　　그래서 엄청 화가 났었는데 너의 마음이 아닌 줄 알기에 그냥 넘어간 거야.

　　　다른 사람 같았으면 넌 죽음이었어.

　　　살살아!

　　　봤지?

석복이 같은 아빠도 없어요.

살살이: (기다렸다는 듯이) 어유!

그랬구나~~~

석복이는 너무 대단해!

석복이: (어! 이건 대단해서 대단하다고 하는 말투가 아닌데)

· · ·

살살이가 중요해? 요거트가 중요해?

저녁을 먹으려고 부엌에 가 보니 싱크대에 요거트가 버려져 있었다.

석복이: 누가 여기에다 돈을 버렸냐?

살살이: (모르는 척하며) 그러게, 누가 그랬대!

석복이: (째려보며) 살살아!

　　　　네가 버렸지?

살살이: (살살 눈치를 보며) 응. . .

　　　　(그러다 갑자기 목소리 톤이 커진다) 아니, 그러기는 한데,

　　　　학교 수업 끝나고 와서 냉장고를 열어 보니 요거트가 있어서

　　　　먹으려다 유통기한이 지나서 그냥 버렸어.

석복이: (일부러 큰 소리로) 먹어도 안 죽어!

　　　　그리고, 이런 것은 바로바로 먹었어야지.

살살이: (갑자기 광채가 나는 눈으로) 석복!

　　　　요거트는 공장에서 언제든지 찍어 나오지만

　　　　살살이는 바로 찍어서 나 올 수 있어, 없어?

　　　　석복이는 요거트가 중요해?

　　　　살살이가 중요해?

　　　　말해 봐!

말해 봐!

석복이: (할 말을 잃은 체) 에휴~~~

우리 살살이가 더 중요하지.

아침부터 한번 해 볼 텨?

아침에 눈을 뜨면 우탕이와 살살이 방을 열어 보며 잘 잤는지 확인해 보는 일이 하루의 시작이 되었다. 우탕이는 중고등학교를 기숙학교로 다니고 있어 집에 오는 날이나 방학 때 말고는 텅 빈 방을 열어 보며 아들의 무탈을 기원하는 마음으로 대신하는 날이 많다. 그런 후 살살이 방으로 가서 동태를 살핀다.

석복이: 어! 우리 살살이 일어났네.

　　　잘 잤어?

살살이: 웅!

석복이: 살살이 좋은 꿈 꿨어?

　　　돼지 100마리 몰고 집으로 들어오라고 했지?

　　　꿈에 석복이는 안 나타났어?

살살이: (실실 웃으면서) 석복!

　　　아침부터 왜, 귀찮게 해.

석복이: 살살아!

　　　귀찮게 하는 것이 아니라 이것은 석복이의 사랑이여.

살살이: (갑자기 부스스한 얼굴로 벌떡 일어나 거울을 가져와 나를 비추며)

　　　석복!

　　　그 사랑 반사여~~~

석복이: (으악!) ㅋㅋㅋ

　　　　살살이 너 정말, 너랑 안 놀아.

살살이: 그래!

　　　　그럼 아침부터 한번 해 볼 텨??

석복이: (후다닥 방을 나오며) 아니! 미안해.

석복이와 살살이는 그렇게 아침을 시작한다.

우탕아, 살살아!

'아버지'라는 이름. 예전의 아버지들과 지금의 아버지들 시절을 나누어 이야기하기에는 환경과 상황이 너무 달라 비교 자체가 어리석은 일이지만 가슴에 묻혀 있는 부정父情은 똑같지 싶구나.

아버지와 자식은 친함이 있어야 한다는 부자유친에 딱 맞는 지금 시대! 시간이 흐를수록 아버지의 자리가 위축되어 가지 않게, 나 또한 아비 역할 잘 하마. 너희들이 부모가 되었을 때, 부모 노릇 제대로 할 수 있도록 보여 주고 가르쳐 주어야 하는 것이 엄마, 아빠 몫이니 말이다.

부모가 되어 보니 할아버지, 할머니의 살아오신 삶을 헤아려 드리고 싶고, 더 위해 드리고 싶다. 그분들이 견디어 내신 세월의 사랑은 아픔이었고 안쓰러움이었다. 모진 시간의 흐름 속에서 귀한 사랑은 따뜻하고 달콤함만을 주는 것이 전부가 아니라는 것을 알게 해 준 부모님께 아비어미는 고맙고 감사하기만 하다. 너희에게도 이것을 가르쳐 주고 싶으니 부모 되어가는 공부 잘 배워 훌륭한 부모들 되어라.

다음 장에 나오는 삼강오륜 내용 중 임금과 신하는 의가 있어야 한다는 군신유의에서 군君은 너희들을 포함하여 회사의 상사요, 사장님이고, 신臣 또한 너희들을 포함하여 회사의 동료들로 해석하여 의미를 확장하면 될 듯하다.

의義는 사람으로서 당연히 해야 할 일을 말하는 것이요, 옳으면 따르고, 그르면 버리는 것이니, 세상은 의 아닌 것이 없다 하겠다. 이로움과 의로움 중 의로움이 먼저이며, 이로움을 위한 의가 아닌, 의를 위한 이로움이 되는 삶을 살아가기 바란다. 충은 모든 일에 마음을 다하여 최선을 다하는 것이니, 의는 충忠을 좇아야 하고 충은 곧 사람을 향해야 함을 잊지 말거라.

　지智라는 것은 옳고 그름을 구분하는 마음이요, 지가 바로서야 의를 행할 수 있는 것이며 지를 바로 서게 해 주는 공부가 사자소학이니 하나하나 허투루 배우지 않았으면 한다. 인간이 만물의 영장인 이유는 타고난 본성이 선하여 안 배우고도 아는 오륜 때문이지만, 또한 성장해 가며 본성이 덮이지 않게 공부를 해 주어야 하는데 그 시작이 사자소학이다.

君 爲 臣 綱 하고

父 爲 子 綱 하며

夫 爲 婦 綱 이니

是 謂 三 綱 이니라

(해설)

남편 **부** 될 **위** 부인 **부** 벼리 **강**

夫 爲 婦 綱

: 남편은 부인의 벼리가 되니,

임금 **군** 될 **위** 신하 **신** 벼리 **강**

君 爲 臣 綱

: 임금은 신하의 벼리가 되고,

이 **시** 이를 **위** 석 **삼** 벼리 **강**

是 謂 三 綱

: 이것을 삼강이라 이르니라.

아버지 **부** 될 **위** 아들 **자** 벼리 **강**

父 爲 子 綱

: 아버지는 자식의 벼리가 되며,

長　夫　　　君　父
幼　婦　　　臣　子
有　有　　　有　有
序　別　　　義　親

하　하　　　하　하
며　고　　　며　고

(해설)

남편 **부**　부인 **부**　있을 **유**　분별할 **별**	아버지 **부**　아들 **자**　있을 **유**　친할 **친**
夫　婦　有　別	父　子　有　親
: 남편과 부인은 분별이 있어야 하고,	: 아버지와 자식은 친함이 있어야 하고,
어른 **장**　어릴 **유**　있을 **유**　차례 **서**	임금 **군**　신하 **신**　있을 **유**　의로울 **의**
長　幼　有　序	君　臣　有　義
: 어른과 어린이는 차례가 있어야 하며.	: 임금과 신하는 의가 있어야 하며.

以 人　　是 朋
其 所　　謂 友
倫 以　　五 有
綱 貴　　倫 信

이　　는　　이　　이
니　　　　니　　니
라　　　　라

(해설)

사람**인** 바소 써**이** 귀할**귀**	벗**붕** 벗**우** 있을**유** 믿을**신**
人 所 以 貴	朋 友 有 信
: 사람이 귀한 바는,	: 친구간에는 믿음이 있어야 하니,
써**이** 그**기** 인륜**윤** 벼리**강**	이**시** 이를**위** 다섯**오** 인륜**륜**
以 其 倫 綱	是 謂 五 倫
: 그 오륜과 삼강 때문이니라.	: 이것을 오륜이라 이르니라.

음식은 사랑이다

저녁을 거의 다 먹어 가던 살살이, 밥그릇을 내 쪽으로 슬며시 밀어 준다.

석복이: (황당한 표정으로) 뭐여, 이건?

살살이: 석복이가 그랬잖아.

　　　　세상의 모든 것은 다 사랑이다.

　　　　우리가 먹는 음식도 사랑이니 버리지 말고 밥을 사랑해 주라고.

　　　　석복이가 살살이 대신 밥을 더 많이 사랑해 주면 되지.

　　　　맛있게 드세요!

　　　　ㅋ ㅋ ㅋ

석복이: (어이없는 표정으로) 참나!

　　　　내가 뭐 잔반 처리반도 아니고.

　　　　구시렁~~~

　　　　구시렁~~~

살살아, 우탕아!

　지금까지 엄마, 아빠가 너희들이 먹다 남은 음식을 버리지 않고 먹는 이유는 음식에서부터 사랑이 시작되기 때문이란다. 음식이 왜 사랑인지를 알게 되면 세상의 모든 것이 다 사랑이라고 했던 그 이유 또한 알게 될 것이니, 지금 이 말을 깊이 새겨 잊지 않기를 바란다. 세상은 눈에 보이는 것이 전부가 아니다. 보이지 않는 부분을 알아 가는 것이 공부이고, 그 공부가 제대로 된 공부다. 나를 죽이면 너희들을 죽이는 것이고, 나를 살리면 너희들을 살려 주는 것이 있다. 원인행위가 있기에 결과가 있듯이. 이 의미는 어른이 되어 가면서 알아 가거라.

선풍기도 사랑이다

무더운 여름날 살살이가 덥다고 선풍기를 발로 밀면서 버튼을 누른다.

석복이: 살살아!

　　　　사랑이 뭐라고 했지?

살살이: (딴청을 피우며) 몰라요.

석복이: 사람을 비롯하여 이 세상 모든 것이 다 사~~~

살살이: (말이 끝나기도 전에 귀를 막으며) 아~~~네,

　　　　알아요! 알아!

　　　　이번에 들으면 아마 백 번도 넘게 들을 걸?

석복이: 그럼 선풍기가 사랑이라는 것을 알겠네.

　　　　얘도 그 쓰임이 있겠지.

　　　　많은 선풍기 중 선택되어 우리 집에 온 이유는 함부로 다루지 않고 고장 나

　　　　지 않게 사용하여 오래도록 시원한 바람을 너에게 주려는 것인데, 네가 그

　　　　렇게 발로 밀고 소중하게 생각하지 않으면 선풍기가 서운해하지 않을까?

살살이: (목소리 톤의 장단을 섞어) 아~~~네.

　　　　선풍기야!

　　　　너~~~무나 미안하다.

　　　　다음부터는 많이 사랑해 줄게, 미안해!

　　　　됐지? ㅋ ㅋ ㅋ

우탕아, 살살아!

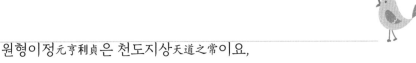

원형이정元亨利貞은 천도지상天道之常이요,

인의예지仁義禮智는 인성지강人性之綱이라.

원형이정은 만물이 생겨나서 자라고 삶을 이루어 완성되는 사물의 근본 원리
다. 원은 만물이 시작되는 봄이요, 형은 만물이 성장하는 여름이며, 이는 만물을
수렴하는 가을이요, 정은 만물이 완성되는 겨울에 해당된다.

훌륭한 사람은 인을 체득하여 의에 합치시킬 수 있으며, 사물을 이롭게 하여
의로움과 조화를 이루게 할 수 있고, 곧음을 굳건히 하여 사물의 근본이 되게 할
수 있다.

훌륭한 사람은 이 4가지 덕을 행하는 고로 건乾은 원형이정이라고 하는 것이
다. 원元은 인仁이요, 형亨은 예禮요, 이利는 의義요, 정貞은 지智라.

천지 이치의 방향과 인간이 걸어가야 할 길은 동일한 것이며, 그 중심에 사랑
이 있다. 사랑의 발현 형태로 인의예지가 나오며 각각의 의미가 있으니, 너희들
은 존재하는 모든 것들을 함부로 대하지 말고, 고맙고 감사한 마음으로 쓰임대
로 함께 잘 살아가기 바란다.

人 仁 天 元
性 義 道 亨
之 禮 之 利
綱 智 常 貞

는   이니라   은   이요

(해설)

어질 **인** 의로울 **의** 예절 **예** 지혜 **지**	으뜸 **원** 형통할 **형** 이로울 **이** 곧을 **정**
仁 義 禮 智	元 亨 利 貞
: 인의예지는,	: 원형이정은(봄 여름 가을 겨울),
사람 **인** 성품 **성** 어조사 **지** 벼리 **강**	하늘 **천** 도리 **도** 어조사 **지** 떳떳할 **상**
人 性 之 綱	天 道 之 常
: 인성의 벼리이니라.	: 하늘의 도의 떳떳함이요.

일주일을 잘 돌아보고 결정해

토요일 오후, 선배가 맥주 한잔하자고 전화가 왔다.

석복이: 살살아!

　　　　약속이 있어서 나갔다 와야 할 거 같은 데,

　　　　갈까? 말까?

살살이: (얼굴 표정을 바꾸며) 석복!

　　　　일주일을 잘 돌아보고 결정해.

석복이: (잠시 생각을 한다) 그럼,

　　　　나갔다 올게.

살살이: ㅋ ㅋ ㅋ

　　　　석복! 어제 공부했어, 안 했어?

석복이: 어제, 그제는 강의 있었잖아.

살살이: 그럼, 내일은 놀 거야?

석복이: 아니, 공부해야지.

살살이: (차분한 목소리로) 그래!

　　　　그럼. 나갔다 와야지.

　　　　술은 적당히 먹고.

석복이: (꾸꾸 같은 살살이) . . .

오늘 한 일!

오전에 공부를 하고, 점심을 조금 늦게 먹었다. 날이 무덥고 졸려 낮잠을 한 시간 정도 자고 일어났는데, 살살이한테 전화가 왔다.

살살이: 석복!

엄마가 오빠 학원 끝나면 영화 보여 준다고 스파이더맨 예약 좀 해 주래.

석복이: 응!

알았어.

그런데 몇 명?

3명? 4명?

살살이: 알아서 해.

석복이는 어떻게 하려고?

석복이: 그러게. 공부도 해야 하는데 어쩌지?

살살이: 석복!

오늘 일어나서 밥 먹고 한 일이 뭐야?

잘 생각해 봐.

석복이: 앵!

그 말은 아무것도 한 일이 없으니 공부나 하란 말이네.

살살이: ㅋ ㅋ ㅋ

아니!

나는 영화관 오지마라고 한 말은 아니야.

석복이가 오늘 한 일이 뭔지 잘 생각해 보고, 결정하란 말이었지.

석복이: (한 대 얻어맞은 기분에) 치사해서 안 간다, 안 가!

그림! 끝내야지

2019년 10월 26일 국가자격시험을 보는데 2개월 정도 남은 지금, 이번에는 합격할 것 같은 느낌이 들 정도로 열심히 하고 있다.

석복이: 살살아!

      석복이 이번에는 시험공부 끝낼 것 같아.

살살이: (근엄한 표정으로) 그림!

      끝내야지.

고마운 아빠 딸, 살살아!

"그림! 끝내야지."라는 그 말 한마디가 나에게 얼마나 큰 힘이 되었는지 모른단다. 사랑한다, 살살아!

내가 지키고 있어 줄게

시험을 하루 앞둔 날, 11시에 자려고 했는데 잠이 안 와 뒤척이고 있었다.

살살이: 석복!

　　　왜?

　　　잠이 안 와?

　　　다른 날은 드르렁드르렁 거리면서 잘도 자더니.

　　　잠이 안 오는데 억지로 그러고 있지 말고 공부할 책 가지고 와.

　　　내가 지키고 있어 줄게.

석복이: (뭐지, 이 먹먹해 오는 마음은) 헉!

살살이: 지금부터 한 시간만 집중해서 공부해.

공부하고 있는데 꾸꾸가 나타났다.

꾸　꾸: 살살아!

　　　안 자고 뭐해?

　　　얼른 자.

　　　아빠도 그만하고 주무셔야 아침 일찍 일어나 시험장에 가지.

살살이: (졸린 얼굴로) 알았어!

　　석복이가 잠이 안 온다고 해서 공부하는데 지키고 있는 거야.

　그렇게 석복이는 살살이가 강아지 지키듯이 옆에서 지켜 주어 1시간 30분을 공부
하였고 시험에도 합격하였다.

種　種　　　　自　因
豆　瓜　　　　業　果
得　得　　　　自　應
豆　瓜　　　　得　報

니　요　　　　이　요
라　　　　　　니

(해설)

심을 **종** 오이 **과** 얻을 **득** 오이 **과**	인할 **인** 과실 **과** 응할 **응** 갚을 **보**
種 瓜 得 瓜	因 果 應 報
: 오이를 심으면 오이를 얻는 것이요,	: 원인과 결과는 서로 물고 물리는 것이요,
심을 **종** 콩 **두** 얻을 **득** 콩 **두**	스스로 **자** 업 **업** 스스로 **자** 얻을 **득**
種 豆 得 豆	自 業 自 得
: 콩을 심으면 콩을 얻는 것이니라.	: 스스로 지은 일의 결과를 스스로 받으니,

勿今　　枕農
遲日　　厥夫
明可　　種餓
日爲　　子死

하　는　　하　라
라　　　　니　도

(해설)

이제**금** 날**일** 가히**가** 할**위**	농사**농** 지아비**부** 주릴**아** 죽을**사**
今 日 可 爲	農 夫 餓 死
: 오늘 할 일을,	: 농부는 굶어 죽어도,
말**물** 늦을**지** 밝을**명** 날**일**	베개**침** 그**궐** 씨**종** 아들**자**
勿 遲 明 日	枕 厥 種 子
: 내일로 미루지 마라.	: 그 씨앗을 베고 죽으니,

讀書百遍 其義自見
이면 하고

一心精到 豈不成功
면 이리오

(해설)

한일 마음심 정할정 이를도	읽을독 글서 일백백 두루편
一 心 精 到	讀 書 百 遍
: 한 마음이 정성에 이르면,	: 책을 백 번 읽으면,
어찌기 아니불 이룰성 공공	그기 옳을의 스스로자 뵈올현
豈 不 成 功	其 義 自 見
: 어찌 성공하지 않으리오.	: 그 뜻은 스스로 알게 되고,

제2장

효행 편

엄마의 눈물

2020년 2학기 개학인데 코로나로 연기되어 2주간의 비대면 수업을 한 후, 우탕이는 일요일에 기숙사로 들어갔고 우리는 다시 일상으로 돌아왔다. 8월에 이사를 하고 꾸꾸 지인들이 찾아와 저녁을 대접하였다. 모두가 돌아가고 양치하러 간 사이 아들에게서 전화가 왔는데 못 받고 끊어졌다.

꾸　꾸: (조금 아쉬운 목소리로) 살살아!

　　　오빠 전화 왔으면 빨리 핸드폰을 가져다주었어야지.

살살이: (짜증 섞인 목소리로) 엄마!

　　　가지고 가는 중에 끊어졌잖아.

　　　괜히 나한테 짜증이야!

　　　꾸꾸 미워.

맥주도 한잔했고 집 떠나 있는 아들 전화를 못 받은 아쉬움에 소파에 앉아 쫑알쫑알거리고 있는데 다시 전화벨이 울리자 화색이 도는 꾸꾸.

꾸　꾸: (후다닥 전화를 받는다) 여보세요!

　　　아들!

　　　잘 지내고 있었어?

우탕이: 네! 어머니!

　　　　영은이랑, 아버지는요?

꾸　꾸: 응!

　　　　집에 있고, 다들 잘 있어.

우탕이: 어머니!

　　　　학교로 돌아오니까 이제 정신을 차린 것 같아요.

꾸　꾸: 오야~~~

　　　　내 새끼!

　　　　엄마는 너를 믿어.

　　　　앞으로 아들은 큰사람 될 것이니 지금처럼 하면 돼.

　그렇게 두 사람은 어쩌고저쩌고 통화를 이어 간다. 목이 메어 눈물을 참아 가며 대화를 나누던 엄마와 아들. 전화가 끊어지는 순간 엉엉 울면서 화장실로 달려간다. 그 모습을 본 살살이.

살살이: (웃음을 속으로 삼키며 속삭인다) 석복!

　　　　꾸꾸 울어!

석복이: (웃음을 참으면서 살살이와 눈을 마주친다) 응!

살살이: (내가 웃으니 살살이도 웃음보가 빵 터졌다) 아이고!

　　　　ㅋ ㅋ ㅋ

　　　　그런데, 왜 울어?

석복이: (배꼽 잡고 웃으며) 몰라 나도~~~

살살이: (화장실에서 나오는 꾸꾸에게) 엄마!

　　　　왜 울어?

우리 집은 정말 드라마틱해.

참 많은 것들을 보여 준단 말이야!

꾸　꾸: 이놈의 지지배야!

너도 나중에 자식 낳아 키워 봐라.

못된 살살이 같으니라고.

살살이: 저러다 2주도 못 가서 오빠랑 또 한판 붙지.

석복이: 살살아!

그것을 어떻게 알아!

살살이: 내가 엄마와 14년을 살았는데 그걸 모를까 봐?

그날 나는 꾸꾸와 살살이 때문에 1년 웃을 것을 다 웃고 쓰러졌다.

지금 귀찮다는 거야?

토요일 아침에 밥을 먹으며.

꾸　꾸: 살살아!

　　　지금 아침 먹을 거지?

살살이: 아니, 이따가 먹을 거야.

꾸　꾸: 그럼 엄마 약속 있어 나가야 하니 아빠한테 된장국 데워서 달라고 해.

그 이야기를 듣고 있던 석복이.

석복이: (살 살 살··· 살살이 옆으로 가서 귓속말로)

　　　살살아!

　　　지금 먹는다고 그래.

살살이: (큰 소리로) 석복!

　　　지금 나에게 밥 차려 주는 것이 귀찮다고 말하는 거야?

　　　엄마!

　　　석복이가 밥 안 차려 준대.

석복이: 아니. 나는 살살이가 배고플까 봐 지금 먹으라고 한 거지.

나는 후다닥 방을 나갔다.

신한카드

퇴근할 무렵 마트에 들러 형광등을 사며 살살이 과자를 샀다. 평상시에 과자를 사 오면 살살이와 우탕이가 찾아 먹도록 숨겨 놓곤 한다.

석복이: (저녁을 먹으며) 살살아!

　　　　집 안 구석구석에 과자를 숨겨 놓았으니 찾아 먹어.

살살이: (신난 목소리로) 정말!

　　　　밥을 후다닥 먹고 숨겨 놓은 과자를 찾아 책상 서랍에 넣고 있는

　　　　살살이.

석복이: 우리 살살이 땡잡았네.

　　　　먹을 때 석복이랑 나누어 먹어야 해.

살살이: (심술쟁이 표정으로) 싫어!

석복이: 앵! 이런,

　　　　살살아!

　　　　과자 누가 사 준 거지?

살살이: (의기양양한 표정으로) 신. 한. 카. 드!

석복이: ㅋ ㅋ ㅋ

　　　　살살아!

　　　　신한카드에서 우리 광고 찍으러 오겠다.

이종석 닮은 아들

꾸꾸가 우탕이 사진을 보며 하는 말.

꾸　꾸: (얼굴에 환한 미소를 지으며) 살살아!

　　　 너의 오빠 이종석 닮았지 않냐?

살살이: (인정 못 한다는 말투로)

　　　 네!

　　　 네!

　　　 누구는 좋으시겠어요?

　　　 이종석 닮은 아들 있어서.

꾸　꾸: (살살이를 째려본다)

　　　 ・・・

석복이: ㅋ ㅋ ㅋ

　　　 그런데 살살아!

　　　 이종석이 누구야?

우탕아, 살살아!

　엄마의 눈물! 너희들도 나중에 부모가 되면 그것이 엄마 마음인지를 알 거야. 예전에는 아버지도 아버지였지만 말할 수 없는 고생 속에 세월을 보내며 자식들을 훌륭하게 키워 내신 분들이 대부분 어머니셨다. 그래서 모정母情은 있어도, 부정父情은 없다는 말이 있었단다. 앞에서 사랑의 큰 의미를 말해주었지만, 그 사랑의 최고 으뜸은 바로 어머니의 사랑이다.

　하나가 둘이요, 둘이 하나가 되었을 때에 비로소 온전한 사랑인 것이다. 아기를 잉태한 순간 한 여성은 둘이 되고, 열 달 후 둘은 다시 각각의 하나가 되는데, 그때 여성은 엄마로, 아기는 이름을 갖게 된다. 그래서 어머니라는 존재는 너희들과 분리되어 있어도 한 몸이요, 시간과 공간을 뛰어넘은 초월적 관계인 사랑으로 맺어진 사이란다. 오죽하면 죽어서도 자식 걱정을 하며 기도하시는 분이 어머니라는 말이 생겼을까? 이처럼 생사를 뛰어넘는 고귀한 사랑이 가슴 시리도록 아름다운 이유는 너희들의 어머니, 그 '어머니'라는 이름 때문이다. 삶이 지쳐 올 때면 엄마 품이 그리울 날이 있을 것이고, 삶의 고통과 마주할 때면 아버지가 그리운 것을 너희들도 알 때가 온다. 그러니 지금은 그냥 그렇게 웃으면 된다.

乳　腹　　　母　父
以　以　　　鞠　生
哺　懷　　　我　我
我　我　　　身　身

　　하　　　　　하
　　시　　　이　시
로　고　　　로　고
다　　　　　다

(해설)

아버지**부** 날**생** 나**아** 몸**신**	배**복** 써**이** 품을**회** 나**아**
父 生 我 身	腹 以 懷 我
: 아버지는 내 몸을 낳으시고,	: 배로써 나를 품어 주시고,
어머니**모** 기를**국** 나**아** 몸**신**	젖**유** 써**이** 먹일**포** 나**아**
母 鞠 我 身	乳 以 哺 我
: 어머니는 내 몸을 기르셨도다.	: 젖으로써 나를 먹여 주셨도다.

德 恩
厚 高
似 如
地 天

以 以
食 衣
飽 溫
我 我

하 하
시 시
니 고

로 하
다 시
　 고

(해설)

은혜**은** 높을**고** 같을**여** 하늘**천**	써**이** 옷**의** 따뜻할**온** 나**아**
恩 高 如 天	以 衣 溫 我
: 은혜 높기가 하늘 같으시고,	: 옷으로써 나를 따뜻하게 하시고,
덕**덕** 두터울**후** 같을**사** 땅**지**	써**이** 밥**식** 배부를**포** 나**아**
德 厚 似 地	以 食 飽 我
: 덕 두텁기가 땅 같으시니,	: 밥으로써 나를 배부르게 하셨도다.

昊　欲　　　　　　　　　　　　　　　　　　曷　爲

天　報　　　　　　　　　　　　　　　　　　不　人

罔　其　　　　　　　　　　　　　　　　　　爲　子

極　德　　　　　　　　　　　　　　　　　　孝　者ㅣ

이　　　인　　　　　　　　　　　　　　　　리
로　　　댄　　　　　　　　　　　　　　　　요
다

(해설)

하고자할 **욕**	갚을 **보**	그 **기**	덕 **덕**	될 **위**	사람 **인**	아들 **자**	놈 **자**
欲	報	其	德	爲	人	子	者

: 그 덕을 갚고자 할진대,　　　　　　: 사람의 자식 된 자가,

하늘 **호**	하늘 **천**	없을 **망**	다할 **극**	어찌 **갈**	아니 **불**	할 **위**	효도 **효**
昊	天	罔	極	曷	不	爲	孝

: 하늘처럼 다함이 없도다.　　　　　: 어찌 효도를 다하지 않으리요.

딸이 있어 행복한 이유

한여름날 참깨 벨 때가 되어 주말에 어머니 일을 도와드리고 왔다. 더위에 얼굴은 타고 몸은 지쳐 쓰러져 누워 있는데 살살이가 다가온다.

살살이: (살살 거리며) 석복!

　　　쫌 힘들어 보이네.

　　　이번에는 열심히 할매 도와드리고 왔나 봐!

석복이: (일부러 기운 없는 말투로) 살살아!

　　　힘들어 죽겠어!

　　　시원한 물 한 컵만 갔다 줘라.

살살이: 그래!

　　　오늘은 특별히 말을 들어주지.

그러면서 물을 가져가 주며 말을 건넨다.

살살이: 석복!

　　　화장실 가서 세수하고 와 봐.

석복이: 왜! 귀찮은데.

살살이: (실실 웃으면서) 싫음 말고!

팩해 주려고 했는데.

석복이: (벌떡 일어나며) 살살아!

　　　기다려!

　　　빨리 갔다 올게.

살살이: ㅋ ㅋ ㅋ

냉장고에 보관해 둔 팩을 가져와 내 얼굴에 붙여 주는 살살이.

살살이: 석복!

　　　시원하지?

석복이: 웅!

　　　살살이 때문에 이런 호사를 다 누리고.

　　　아이고, 좋아라!

　　　아빠 딸이 최고여!

살살이는 머리맡에 앉아 얼굴을 토닥거리며 뒷목도 주물러 주고 마사지도 해 준다.
이 모습을 본 꾸꾸가 한 소리한다.

꾸　꾸: (나와 살살이를 번갈아 보며) 잘한다, 잘~~~해!

　　　팩 해주는 것도 모자라 마사지까지 다 해 주고.

　　　아예 가게를 차리지 그래!

　　　살살아!

　　　너는 아빠가 그렇게도 좋으니?

　　　석복이만 나타나면 얼굴색이 달라지니.

석복이, 살살이: (눈을 마주치며) ㅋ ㅋ ㅋ

석복이: 그럼!

아빠가 얼마나 좋은 건데.

그렇지, 살살아?

살살이: (조용히 하라고 눈을 부라리며) 그래도 나는 엄마가 더 좋아!

나는 살살이의 속 깊은 마음을 헤아리며, 오늘 또 하나의 추억이 되어 먼 훗날 그리움이 될 딸과의 소중한 시간을 함께하였다.

치과 가면 철들겠지!

양치질을 또 안 하고 잔 우탕이. 꾸꾸의 신나는 잔소리가 시작되었다.

꾸　꾸: (화난 표정으로) 쫑알쫑알.

석복이: 우탕이는 언제 철들어서 꾸꾸 잔소리 안 듣고 살까?

　　　에휴~~~

살살이: (무표정한 얼굴로) 내버려 둬.

　　　나중에 치과 가면 철들겠지 뭐.

석복이: 어고!

　　　똑똑한 우리 살살이.

살살이가 해 주는 치카치카 |

어릴 적 아이들의 이를 닦아 줄 때가 참 행복한 순간이었음을 나는 모르고 살았다. 그런데 그 살살이가 중학교 1학년이 되어 내 이를 닦아 줄 때의 편안함과 사랑은 또 다른 감동으로 다가왔다. 강의를 마치고 돌아온 여름날, 피곤함이 몰려와 저녁을 먹고 소파에 누웠다.

살살이: 석복!

　　　밥을 먹었으면 양치를 해야지.

　　　그렇게 게으름만 피우고 있어?

　　　이 다 썩는다.

　　　빨리 일어나서 양치해.

석복이: (모른 척하며) 누가 뭐라고 하는데 아무 소리 안 들리네.

살살이: 또 딴청 부리기는.

　　　석복!

　　　좋게 말할 때 들어.

석복이: (일부러 툴툴거리는 목소리로) 아! 몰라.

　　　몸이 무겁고, 오늘은 다 귀찮아.

살살이: (장난꾸러기 말투로) 몸이 무거우면 뱃살을 어떻게 정리하면 되지.

　　　ㅋㅋㅋ

석복이: 살살아!

　　　너, 정말~~~

　　　저리 가!

저리 가라고 하니 정말 저리 갔다가 칫솔에다 치약을 묻혀 오는 살살이. 그것을 건네주는지 알고 입을 꽉 다물어 버리는 석복이.

살살이: 석복!

　　　아~~~ 해.

　　　오늘만 내가 치카치카해 줄게.

석복이: (어! 이 상황은 뭐지) 잉!

살살이: 빨리, 아! 하라고.

석복이: (너무 좋아하며) 아~~~

그러면서 어렸을 때 딸아이 양치를 해 줄 때처럼 그 아이가 아빠에게 양치를 해 준다. 이 상황을 지켜보던 꾸꾸.

꾸　꾸: 참~~~나!

　　　이제 하다하다 별짓을 다 하는구나.

　　　죽겠다고 키워 놓았더니 호사는 석복이가 다 누리고.

　　　에구! 내 팔자야!

　　　내가 못산다, 못살아!

석복이, 살살이: (동시에 눈이 마주치며 웃는다)

　　　　　· · ·

살살이가 해 주는 치카치카 ||

　추석이 다가오면 매년 산소 벌초를 한다. 돌아가신 아버지께서는 초여름에 한 번 해 드리고, 이맘때쯤 해서 일 년에 두 번을 하셨다. 아버지의 유지 아닌 유지가 되어 형님들과 연중행사로 하는 두 번의 벌초가 이젠 큰 즐거움 중 하나가 되었다. 시골에 가서 벌초를 하고 돌아온 날 저녁에 양치를 하지 않고 누워 있는데 살살이가 말을 건다.

　살살이: 석복!

　　　　힘들어?

　석복이: (힘없는 목소리로) 응!

　　　　조금 힘이 드네.

　살살이: 벌초는 군산 큰아버지하고, 서울 큰아버지가 다했을 거고

　　　　석복이는 놀기만 했을 건데,

　　　　왜 힘들어?

　석복이: (웃으면서 큰소리로) 시끄러!

　살살이: 내 말이 맞잖아.

　　　　괜히 성질부리고 있어.

　석복이: 살살아!

　　　　양치 좀 해 주라.

팔이 안 움직여서 못하겠어.

살살이: (얄미운 말투로) 그런다고 내가 해 줄지 알지?

석복이: 웅!

살살이: 꿈 깨!

대신에 칫솔은 가져다줄게.

그러면서 칫솔에 치약을 묻혀 내 손에 쥐여 주는 살살이. 아랑곳하지 않고 나는 누워서 이~~~ 하고 있었다.

살살이: ㅋㅋㅋ

석복!

전에 내가 해 주니까 편하고 좋았지?

석복이: 웅!

살살이: (장난꾸러기 표정으로) 그래서 안 해 주는 거야.

석복이: 살살아!

안 해 주면 너 계속 귀찮게 할 거니까 알아서 해.

살살이: (잠깐 생각하는 척하더니) 에휴!

정말 놀부 심보가 따로 없어요.

알았어!

이번만 해 주고 앞으로는 안 해 준다.

석복이: (신나는 목소리로) 좋아!

그렇게 나는 살살이의 정성스러운 치카치카를 받으며 벌초의 고단함을 잊을 수 있었다.

冬　昏　　　　必　晨
溫　定　　　　盥　必
夏　晨　　　　必　先
淸　省　　　　漱　起

하　하　　　　하　하
라　야　　　　고　야

(해설)

어두울 **혼** 정할 **정** 새벽 **신** 살필 **성**	새벽 **신** 반드시 **필** 먼저 **선** 일어날 **기**
昏 定 晨 省	晨 必 先 起
:저녁에는 잠자리를 정해 드리고 새벽에는 살피며,	: 새벽에는 반드시 먼저 일어나,
겨울 **동** 따뜻할 **온** 여름 **하** 서늘할 **청**	반드시 **필** 씻을 **관** 반드시 **필** 양치질할 **수**
冬 溫 夏 淸	必 盥 必 漱
: 겨울에는 따뜻하게 하고 여름에는 서늘하게 해 드려라.	: 반드시 세수하고 반드시 양치질하고,

나 혼자 죽을 수는 없지!

일요일 점심. 꾸꾸는 사무실에 약속이 있어서 설거지를 안 하고 바쁘게 나갔다.

석복이: 살살아!

　　　　너는 설거지해,

　　　　나는 방 청소를 할게.

살살이: (입을 삐죽 거리며) 알았어!

　　　　그 정도는 해 줄 수 있지.

살살이와 나는 각자 할 일을 시작하였다.

석복이: 살살아!

　　　　너의 방 침대 밑에 있는 먼지까지 깨끗하게 치워 줄게.

살살이: 웅!

　　　　열심히 해,

　　　　(살살거리며) 대충대충 하지 말고.

석복이: 하이고! 너나 잘해서.

　　　　그릇에 고춧가루 묻혀 놓고 그러지 말고.

살살이: 네~~~

그렇게 청소를 다하고 잘 정리했는지 주방으로 갔더니, 이런!!

석복이: 살살아!

　　　　바닥에 웬 물이 이렇게 많이 있어?

살살이: (실실 웃으며) 아니~~~

　　　　바닥이 더러운 거 같아서 석복이 할 일을 좀 더 남겨 놓았지.

　　　　방바닥도 닦아야 할 듯해서 내가 물을 뿌려 놓았어.

　　　　석복!

　　　　나 잘했지!

　　　　ㅋ ㅋ ㅋ

석복이: (어이없는 웃음으로) 살살이, 너!

오랜만에 나는 온 방의 바닥까지 닦아야 했다.

May I Help You?

저녁밥을 하며, 설거지할 것들이 있어 치우고 있는데 살살이가 나를 부른다.

살살이: 석복!

　　　　May I Help You?

석복이: 헐!

　　　　이건 또 뭔 소리야?

꾸꾸가 좀 늦으니 살살이랑 밥 먹으라고 전화가 왔었는데 기회는 이때다 싶었다.

살살이: 내가 뭐 도와줄 거 없냐고?

석복이: 웅!

　　　　그러면 고맙지, 살살아!

　　　　설거지 And 청소기.

살살이: 오! 노~~~ 우.

　　　　청소기, Ok!

석복이: 콜!

살살이: (청소기를 꺼내면서 하는 말) 석복!

　　　　이렇게 예쁜 딸 봤어?

석복이: 아니~~~

　　딸이 한 명이어서 아직 못 봤어.

　초등학교를 졸업한 딸아이가 이제 자신이 무엇을 해야 하는지 조금씩 알아 가며 행동하는 모습에 흐뭇한 마음으로 설거지를 하였다.

엄마! 파이팅!

5년 된 나의 핸드폰을 새로 바꾸니, 안 바꾸니 하며 떠들고 있는 살살이와 석복이.

꾸 꾸: (목소리 톤이 커지며) 야!

　　　너희 둘은 만나기만 하면 왜 이렇게 시끄러워.

　　　나는 목이랑, 어깨 아파 죽~~~겠구먼.

　　　둘이 설거지 해!

살살이: (들릴 정도의 목소리로) 엄마! 파이팅!!

　　　엄마는 할 수 있다!

살살이와 석복이 동시에 눈이 마주쳤다.

살살이, 석복이: (큰 목소리로)

　　　　　　　꾸꾸! 파이팅!!

父 唯
母 而
呼 趨
我 進
어 하
시 고
든

父 勿
母 逆
使 勿
我 怠
어 하
시 라
든

(해설)

아버지 **부** 어머니 **모** 부릴 **사** 나 **아**	아버지 **부** 어머니 **모** 부를 **호** 나 **아**
父 母 使 我	父 母 呼 我
: 부모님이 나에게 일을 시키시거든	: 부모님이 나를 부르시거든,
말 **물** 거스를 **역** 말 **물** 게으를 **태**	대답할 **유** 말이을 **이** 달릴 **추** 나아갈 **진**
勿 逆 勿 怠	唯 而 趨 進
: 거역하지 말고 게을리 하지 말라.	: 대답하며 달려 나아 가고,

됐시유!

살살이와 석복이가 저녁을 먹으면서 이야기를 하고 있다.

석복이: 살살이는 석복이가 말하고 행동하는 좋은 것들만 보고 배우면 어른이 되어
서 지혜롭고 멋진 엄마로 행복한 인생을 살 거야.

가만히 듣고 있던 살살이.

살살이: (얄미운 목소리로) 됐~~~시유.
석복이: ㅋㅋㅋ

옳고 그름의 판단

저녁을 먹고 있는 살살이네 집.

꾸 꾸: 살살아!

　　　오빠가 나중에 어떤 직업을 가지면 좋을까?

　　　옳고 그름을 판단하는 일.

　　　이런 직업에는 무엇이 있을까?

살살이: (아무 말 없이 딴청을 피우며 밥만 먹고 있던 살살이)

　　　엄마!

　　　옳고 그름을 판단하는 일은 어떤 직업을 갖더라도 다 해야 해.

석복이: (살살이의 대답에 키득키득 웃는 석복이)

　　　　・・・

꾸 꾸: (어이없는 표정으로) 살살이, 너 두고 보자!

냄비째 먹을게!

살살이 핸드폰이 고장 나서 초등학교 졸업 선물로 사 주기로 했었는데, 옳고 그름의 직업에 대한 살살이의 도발에 짜증이 조금 나 있었던 꾸꾸. 소고기 미역국을 먹고 있는 살살이에게.

꾸　꾸: (퉁명스럽게) 살살아!

　　　　밥하고 국 한 그릇 다 먹어!

　　　　남기면 핸드폰 없던 일로 한다.

살살이: (개구쟁이 얼굴로) 아이고~~~

　　　　그럼요.

　　　　냄비째 먹을게요.

父母有命 이어시든

俯首敬聽 하고

坐命坐聽 하며

立命立聽 하라

(해설)

앉을 **좌** 명할 **명** 앉을 **좌** 들을 **청** 坐 命 坐 聽 : 앉아서 명하시면 앉아서 들으며,	아버지 **부** 어머니 **모** 있을 **유** 명할 **명** 父 母 有 命 : 부모님께서 명하시는 것이 있으시거든,
설 **입** 명할 **명** 설 **입** 들을 **청** 立 命 立 聽 : 서서 명하시면 서서 들어라.	숙일 **부** 머리 **수** 공경할 **경** 들을 **청** 俯 首 敬 聽 : 머리 숙여 공경히 듣고,

반백이 넘으니 알겠지!

오랜만에 운동을 하고 들어와서도 스트레칭과 팔 굽혀 펴기를 하고 있는 석복이.

살살이: (장난을 걸어오며) 별일이네, 석복이가 운동을 다 하고.

　　　ㅋㅋㅋ

석복이: 이제는 몸이 말을 잘 안 들어.

예전에 발가락과 발목 수술을 하고 나서부터 운동하는 것이 부담

되어 못했는데 앞으로는 해야 할 것 같아서.

역시 운동하니까 몸도 기분도 나쁘지 않네.

살살이: (놀리는 말투로) 그래!

반백이 넘으니까 알겠어.

그럼 열심히 해야지.

오늘만 하지 말고.

석복이: (숨을 몰아쉬며) 어째 말이 이상하다, 살살아!

60처럼 보였구나!

안경을 새로 맞추었다.

석복이: 살살아!

　　　안경 새로 했는데 어때?

살살이: 저만치 가서 옆으로 돌아 봐.

한참을 이리 보고 저리 보던 살살이.

살살이: (심각한 표정으로) 석복!

　　　안경테를 잘못 선택하면, 60처럼 보인다.

　　　ㅋㅋㅋ

석복이: (고개를 갸웃거리며) 그럼 내가 지금 60처럼 보인다는 말인가?

　　　참나!

　　　어이가 없네.

思 對
得 案
良 不
饌 食

하 이
라 어
　 시
　 든

憂 父
而 母
謀 有
瘳 病

하 이
고 어
　 시
　 든

(해설)

아버지 **부** 어머니 **모** 있을 **유** 병 **병**
父 母 有 病
: 부모님께서 병환이 있으시거든,

대할 **대** 밥상 **안** 아니 **불** 먹을 **식**
對 案 不 食
: 밥상을 대하시고도 드시지 않으시거든,

근심할 **우** 말이을 **이** 꾀할 **모** 병나을 **추**
憂 而 謀 瘳
: 근심하고 병 낫기를 꾀하고,

생각할 **사** 얻을 **득** 좋을 **양** 음식 **찬**
思 得 良 饌
: 좋은 음식 얻을 것을 생각하라.

遊必有方 하라　愼勿遠遊 하고　返必面之 하며　出必告之 하고

(해설)

삼갈**신** 말**물** 멀**원** 놀**유** **愼 勿 遠 遊** : 삼가히 멀리 가서 놀지 말고,	나갈**출** 반드시**필** 알릴**고** 어조사**지** **出 必 告 之** : 나갈 때는 반드시 알리고,
놀**유** 반드시**필** 있을**유** 방위**방** **遊 必 有 方** : 놂에 반드시 장소가 있게 하라.	돌아올**반** 반드시**필** 뵐**면** 어조사**지** **返 必 面 之** : 돌아와서는 반드시 뵈며,

살살이의 욕심

살살이가 초코 음료수를 마시고 있다.

석복이: (컵을 들이댄다) 나도 좀 줘.

살살이: (개미 눈곱만큼 한 방울 부어 주며) 자!

　　　　됐지?

석복이: (어린아이처럼) 에게게!

　　　　이게 뭐야,

　　　　너 정말 치사하게 이럴 거야!

살살이: (눈을 치켜뜨며) 왜~~~ 에.

　　　　먹기 싫어?

　　　　먹기 싫음 다시 부어.

석복이: ㅋㅋㅋ

살살이의 사랑 표현

살살이가 복숭아를 깎아 달라고 한다.

살살이: 석복!

　　　　나 복숭아 깎아 줘.

석복이: 살살아!

　　　　그러면, 아버지! 사랑해요, 해 봐!

살살이: (단호한 어조로) 안. 먹. 어.

석복이: (깔깔깔 대며 쓰러진다)

　　　　. . .

獻
物
父
母
어
든

跪
而
進
之
하
고

與
我
飲
食
이
어
시
든

跪
而
受
之
하
라

(해설)

드릴 헌 물건 물 아버지 부 어머니 모	줄 여 나 아 마실 음 밥 식
獻 物 父 母	與 我 飲 食
: 부모님께 물건을 드리거든,	: 나에게 음식을 주시거든,
꿇어앉을 궤 · 말이을 이 올린 진 어조사 지	꿇어앉을 궤 말이을 이 받을 수 어조사 지
跪 而 進 之	跪 而 受 之
: 꿇어 앉아 공손히 올리고,	: 꿇어 앉아 공손히 받아라.

소고기 먹는 날에 석복이는 어디에!

중학교 입학이 4월 6일로 연기되어 계속 방학인 살살이에게 점심때가 되면 전화를 한다.

석복이: 살살아!

　　　점심 먹었어?

살살이: 웅!

석복이: 뭐하고 먹었어?

살살이: 소고기 구워서 냠냠!

석복이: (장난스럽게) 소고기!

　　　맛있었겠다.

　　　야!

　　　살살아!

　　　그런데 너희들은 나 없음 꼭 고기 먹더라.

잠시 생각을 하던 살살이.

살살이: (목소리가 커진다) 석복!

　　　석복이 없을 때 고기를 먹는 것이 아니라, 석복이가 고기 먹을 때 꼭 없었던 거야.

알았어? 석복!

사람이 긍정적으로 생각해야지.

석복이: 아!

네~~~

좋은 말로 할 때 내 쪽으로 밀어!

오전에 교도소 인성 강의를 마치고 시골집에 들러 어머니를 뵈었다. 봄에 수박을 심었는데 몇 개가 실하게 익어 한 통을 따 보니 맛이 깔끔하고 달달하였다. 살살이 먹으라고 화채를 만들어 주셔서 집으로 돌아와 냉장고에 넣어 놓았다. 학원에 갔다 온 살살이와 식탁에 앉아 화채 한 그릇을 사이좋게 나누어 먹고 있는 석복이.

석복이: 살살아!

　　　수박화채 맛있지?

　　　할매가 살살이 먹으라고 만들어 주셨어.

살살이: 응!

　　　시원하고 좋네.

석복이: 할매에게 고맙다고 전화 인사는 하고 드셔야지!

살살이: 알았어!

살살이: (전화를 거는 살살이) 할매!

　　　수박화채 너무 맛있어.

　　　잘 먹을게요.

　　　그런데 할매가 나 먹으라고 보냈는데, 석복이가 다 뺏어 먹어.

석복이: ㅋㅋㅋ

화채가 어쩌고저쩌고 석복이에 대해서 이러쿵저러쿵 이야기하며 할머니에게 살살 거리고 있는 사이 살며시 그릇을 내 앞으로 가져다 놓고 먹었다.

살살이: (그러자 도끼눈으로 나를 쳐다보며 식탁을 살살 두드리는 살살이)

딱!

딱!

딱!

석복이: (모르는 척하며 열심히 먹는 석복이)

· · ·

살살이: 할매!

석복이가 혼자 다 먹고 있으니 조금 있다 다시 전화할게.

할 매: 응!

그러소! 그러소!

아빠는 왜 우리 예쁜이 것을 다 뺏어 먹는다냐!

살살이: (전화를 끊고 장난기 가득한 얼굴에 도깨비 눈으로 나를 째려보며)

석복!

좋은 말할 때 내 쪽으로 밀어!

석복이: ㅋㅋㅋ

살살이와 석복이는 그릇을 서로 자기 앞에 가져다 놓고 먹으려 한참을 웃어 가며 투닥거리면서 여름 간식의 별미 수박화채를 맛있게 먹었다.

不 器
與 有
勿 飲
食 食
하 이
고 라
도

歸 若
獻 得
父 美
母 味
하 어
라 든

(해설)

만일 **약** 얻을 **득** 맛날 **미** 맛 **미**	그릇 **기** 있을 **유** 마실 **음** 밥 **식**
若 得 美 味	器 有 飲 食
: 만일 맛있는 음식을 얻었거든,	: 그릇에 음식이 있더라도,
돌아갈 **귀** 드릴 **헌** 아버지 **부** 어머니 **모**	아니 **불** 줄 **여** 말 **물** 먹을 **식**
歸 獻 父 母	不 與 勿 食
: 돌아가서 부모님께 드려라.	: 주시지 않으시면 먹지 말고,

참! 열심히도 살아요

살살이와 나는 평상시 음식을 먹을 때 정말 맛있게 먹는다. 라면을 먹을 때도 '후루룩, 후루룩' 서로에게 소리를 내 가며 신경전을 벌인다. 어머니가 주신 무김치가 맛있게 익었다. 무를 얹어 저녁을 먹고 있는데 살살이가 침대에 누워 있다.

석복이: (살살 옆으로 가서) 살살아!

　　　할매 무김치 엄청 맛있어.

　　　(씹는 소리를 귀에 대고 들려주었다.)

　　　우두둑!

　　　우두둑!

못 봐주겠다는 눈빛으로 나를 바라보던 살살이.

살살이: 석복!

　　　우리 석복이는 참! 열심히도 살아요.

사람인 석복이나 많이 드세요!

어머니께서 담가 주신 열무 물김치에다 들기름, 고추장, 계란프라이를 넣고 비빔밥을 해서 저녁을 먹었다.

석복이: 살살아!

　　　　너도 좀 먹어 볼래?

살살이: 안 먹어.

　　　　맛없어.

석복이: 에휴!

　　　　그대가 무슨 맛을 알리오?

　　　　사람인 자 맛을 알고, 맛을 아는 자 사람인 것을.

　　　　(먹어 보라고 해서) 미안해!

살살이: (황당해하며) 어머!

　　　　그럼 내가 사람이 아니라 짐승이란 말이네!

　　　　그러시구나.

　　　　난 짐승이었어.

　　　　사람인 석복이나 배 뚜드려 가며 많이 드세요.

석복이: 아!

　　　　예~~~ 예.

망하려는 맛

살살이와 저녁에 자장라면을 끓여 먹었다.

석복이: 살살아!

　　　자장라면이 자장면보다 더 맛있지?

살살이: (눈도 안 마주치고 먹으며) 아니!

　　　새로 가게 문을 연 중국집이 이제 막 망하려는 맛이야.

석복이: 와~~~

　　　어디서 이런 말이 나오지.

살살이: (장난 가득한 얼굴로) ㅋㅋㅋ

　　　왜!

　　　사자소학 공부해서 그런다고 말해 줄까?

석복이: (얄미운 목소리로) 참나!

　　　어이가 없다,

　　　어이가 없어!

삼 일 동안 쫄쫄 굶어 보라고 해!

일요일 점심, 우탕이에게 자장면을 먹자고 했다.

석복이: 우탕아!

　　　자장면 먹자.

　　　살살이가 먹고 싶대.

우탕이: (기운 없는 목소리로) 아버지!

　　　배가 안 고파요.

　　　하루 안 먹어도 뭐 먹고 싶은 것이 없어요.

살살이: (심통난 표정으로) 석복!

　　　오빠 삼 일만 굶어 보라고 해.

　　　그런 말이 나오는지.

석복이: ㅋㅋㅋ

　　　네가 굶어는 봤고?

살살이: (의기양양하게) 꼭 굶어 봐야 아나,

　　　그냥 아는 거지.

석복이: (멋쩍은 웃음을 지으며) 살살아!

　　　입은 있으나 할 말이 없도다.

與飲　　與衣
之食　　之服
必雖　　必雖
食厭　　着惡
하　이　　하　이
라　나　　고　나

(해설)

마실 **음** 밥 **식** 비록 **수** 싫어할 **염**	옷 **의** 옷 **복** 비록 **수** 나쁠 **악**
飲 食 雖 厭	衣 服 雖 惡
: 음식이 비록 싫으나,	: 의복이 비록 나쁘나,
줄 **여** 어조사 **지** 반드시 **필** 먹을 **식**	줄 **여** 어조사 **지** 반드시 **필** 입을 **착**
與 之 必 食	與 之 必 着
: 주시면 반드시 맛있게 먹어라.	: 주시면 반드시 고맙게 입고,

못된 사자소학!

살살이와 저녁을 먹고 사이좋게 설거지를 하며 이야기를 하고 있다.

살살이: 석복!

　　　사자소학을 공부하다 보니 나에게 좀 찔리는 일이 생기고 있어.

석복이: 그게 무슨 말이야?

살살이: 부모무의父母無衣이어시든 물사아의勿思我衣하며,

　　　부모무식父母無食이어시든 물사아식勿思我食하라.

　　　부모님께서 입을 만한 옷이 없으시거든, 내가 입을 옷만을 생각하지 말며,

　　　부모님께서 드실 음식이 없으시거든, 내가 먹을 음식만을 생각하지 말라.

　　　석복이랑 공부할 때 이렇게 배웠는데

　　　내가 옷을 산다고 할 때나 밖에서 음식을 먹을 때,

　　　석복이 목소리가 들리며 사자소학 내용이 머리 위로 떠다녀.

　　　그래서 양심에 찔릴 때가 있어. 사자소학 이거 정말 못됐어!

석복이: (살살이를 쳐다보며) 아이고!

　　　우리 살살이 그런 생각을 다 하고,

　　　기특한 살살이.

살살아!

　너와 내가 하고 있는 이 공부가 바로 눈에 보여 결과로 이어지는 것은 아니다. 하지만 시간이 흘러 몸에 체화되면 지금처럼 그렇게 생각하고 행동으로 옮기며 살아가는 날이 오는 훌륭한 학문이니, 아버지의 그 뜻을 헤아려 잘 따라오너라.

　인성은 사랑이고, 사랑은 너 자신이다. 인간은 사랑으로 이 세상에 오지만 교육과 환경에 따라 순수한 사랑이 탁해져 사람으로서 해야 할 일들을 못 하며 살다가 간다. 감동도 없고 행복이 무엇인지도 모르며 그저 부정과 불만으로 물욕에 가득 찬 일상을 보낼 뿐이다. 선한 사랑을 더욱 환하게 비춰 주는 이 공부로 인해 너의 그런 생각은 당연한 것이고 사자소학을 통해 몸 공부를 하며 마음자리까지 잘 잡아 가는 딸이 대견하기만 하다.

父母無食 이어시든
勿思我食 하라

父母無衣 어시든
勿思我衣 하며

(해설)

아버지 **부** 어머니 **모** 없을 **무** 먹을 **식**	아버지 **부** 어머니 **모** 없을 **무** 옷 **의**
父 母 無 食	父 母 無 衣
: 부모님께서 드실 음식이 없으시거든,	: 부모님께서 입을 만한 옷이 없으시거든,
말 **물** 생각 **사** 나 **아** 먹을 **식**	말 **물** 생각 **사** 나 **아** 옷 **의**
勿 思 我 食	勿 思 我 衣
: 내가 먹을 음식만을 생각하지 말라.	: 내가 입을 옷만을 생각하지 말며.

담배 연기 속 당신

무엇이 당신을 몰아세웠습니까?

한 개비!
두 개비!

담배를 피워서 상황이 더 좋아졌습니까?
아무리 피워도
사라지지 않는
마음 한 칸의 그림자.

무엇이 당신을 몰아세웠습니까?

그것이 세상이든
그것이 사람이든
왜 그리 한숨을 쉬고 계십니까?

담배가 당신의 상처를 보듬어 주는 것입니까?
아니면

담배 연기 속에 당신의 아픔을 숨기려는 것입니까?

그렇다면 이제 숨지 말고 나오십시오.

담배 연기 없는 맑고 건강한 세상 속으로.

우탕이 고등학교 1학년 가을날, 갑자기 가족회의를 하였다. 학교에서 담배에 대한 시를 써 오라는 과제물이 있어 네 명 중 가장 잘 쓴 사람 것을 제출하기로 하였다. 각자 한참을 끙끙거리며 작성하고 있는데 살살이가 제일 먼저 책상 위에 올려놓는다. 삶이 힘들어도 건강에 좋지 않은 담배 연기로 위로하려 하지 말고 밝고 긍정적인 생각으로 이겨 내라는 메시지를 주며 나를 쳐다보는 살살이. 생각하는 것도 그렇고 깊이도 남다른 내 딸아! 너란 친구의 머릿속에는 도대체 무엇이 담겨 있을까? 이 시로 우탕이는 동상을 수상하였다.

학교 관계자 선생님께 지면을 통해 죄송한 마음 전해 드립니다.

衣 勿
服 失
帶 勿
靴 裂

를 하라

身 勿
體 毀
髮 勿
膚 傷

를 하며

(해설)

옷 의	옷 복	띠 대	신 화
衣	服	帶	靴

: 옷과 허리띠와 신발을,

몸 신	몸 체	터럭 발	살갗 부
身	體	髮	膚

: 몸과 머리털과 피부를,

말 물	잃을 실	말 물	찢을 열
勿	失	勿	裂

: 잃어 버리지 말고 찢지 말라.

말 물	훼손할 훼	말 물	상할 상
勿	毀	勿	傷

: 훼손하지 말고 상하게 하지 말며,

이제는 나이 먹었다고!

오늘은 크리스마스. 살살이 14살, 우탕이가 17살. 산타 할아버지 존재를 아는 나이라 지난해부터 머리맡에 선물을 준비하지 않았다. 아침에 눈을 뜬 살살이가 뾰로통해서 말을 한다.

살살이: (심술이 난 살살이) 나 석복이한테 실망이야!

석복이: 어잉~~~

　　　　왜 그래, 살살아!

살살이: 나이 먹었다고 이제 선물도 없고.

석복이: (웃음 짓는 석복이)

　　　　· · ·

살살이: 그래도 혹시나 해서 눈 뜨자마자

　　　　여기저기 선물이 있을까 찾아봤더니 없네.

석복이: (멋쩍은 표정과 함께) 살살아!

　　　　산타 할아버지가 잘못 알고 시골 할매 집으로 갔나 보다.

살살이: (도깨비 눈으로) 석복!

　　　　그 말은 작년 크리스마스에도 했었거든.

석복이: (딴청을 피우며) 그랬구나,

　　　　산타 할아버지가 코로나 걸리셨나?

왜 안 오셔서 우리 살살이를 서운하게 했다냐!

살살이: (이때다 싶은 살살이) 석복!

시작과 끝은 늘 똑같아야 한다고 말한 사람이 누구더라?

크리스마스 선물은 아기였을 때만 주는 게 아니라, 나이를 먹어도

해 줘야지.

안 그래?

석복이: ㅋ ㅋ ㅋ

아~~~ 네!

부모 된다는 거! 부모 되어서도 아이들에게 배운다는 사실. 말 한마디 행동 하나하나가 얼마나 중요한지를 알게 해 주는 살살이. 우리 부모들은 그동안 자녀들을 키우면서 무심코 지나쳐 버린 채 알아차리지 못한 일들이 얼마나 많았을까? 그렇다! 아이들은 다 안다. 알면서 그네들도 잊어버리고, 그 잊어버림은 몸으로 기억되어 사랑과 연결된다. 이러한 것들이 모여 가정환경 속에 자리 잡아 자녀들에게 영향을 줄 수 있고, 그래서 부모 된다는 것이 쉬우면서 어려운 일이 아닌가 싶다.

살살아!

다음부터는 성탄절에 꼭 아기 예수님처럼 사랑을 담은 선물을 들고 살금살금 나타나도록 하마. 살살이, 우탕이가 어른이 되어도 엄마 아빠에게는 예쁘고 소중한 아들, 딸이거늘. 네 말이 맞다! 네 말이 맞다!

2021년 크리스마스에는 예쁜 옷을 선물해 주었다.

베스트셀러

우리들의 이야기를 담은 사자소학 책에 대하여 이야기를 하던 중.

석복이: 살살아!

　　　우리가 쓰고 있는 이 책이 베스트셀러가 되면 어쩌지.

살살이: (관심 없다는 듯) 어쩌기는 뭘 어째?

　　　돈줄 맞는 거지.

　　　그런데 석복!

　　　그런 일은 안 일어나니까 미리 걱정하지 마.

　　　그리고 돈, 돈 하다가 혼줄 나는 수가 있어.

석복이: ㅋㅋㅋ

　　　대박!

살살이의 심보

살살이 침대에 누워 해를 보며 눈 일광욕을 하고 있었다.

살살이: (귀찮다는 듯) 석복!

　　　나가 주세요!

　　　여긴 내 방이야,

　　　내 방에서 나가라고요.

석복이: (못 들은 척하며) 누가 뭐라고 하는데?

　　　누구지이~~~?

살살이: (째려보며) 석복!

　　　정말 이럴 거야?

　　　실망이야!

석복이: 살살아!

　　　네 방 침대로 해가 제일 잘 들어와.

　　　10분만 눈 일광욕하고 나갈게.

잠시 후, 드르륵 드르륵 소리가 들린다. 살살이의 키득키득 웃음소리와 함께 느낌이 안 좋아 눈을 뜨니 커튼을 내려 해를 차단하고 있는 살살이.

석복이: 으악~~~

　　　살살이, 네~~~ 이놈!

누구세요?

살살이가 일어났다.

석복이: 살살아!

　　　잘 잤어?

살살이: (잠이 덜 깬 목소리로) 응!

　　　석복!

　　　더워, 거실에 있는 선풍기 가져다 틀어 줘.

　　　왜!

　　　싫어?

석복이: 아니! 싫기는.

　　　어서 갖다 드려야지요.

잠시 후,

석복이: (선풍기를 켜 주고, 누워 있는 살살이 얼굴을 들여다보며)

　　　아이고!

　　　우리 살살이는 자고 일어나면 예뻐지고,

　　　자고 일어나면 예뻐지네.

살살이: (배시시 웃으며) 흥!

석복이: (갓난아이 달래듯이) 우르르 까꿍!

　　　우르르 까꿍!

살살이: (깔깔 대며 하는 말) 그런데 누구세요?

父母愛之 어시든
喜而勿忘 하며

父母責之 어시든
反省勿怨 하라

(해설)

아버지 **부** 어머니 **모** 사랑 **애** 어조사 **지**	아버지 **부** 어머니 **모** 꾸짖을 **책** 어조사 **지**
父 母 愛 之	父 母 責 之
: 부모님이 나를 사랑해 주시거든,	: 부모님께서 꾸짖으시거든,
기쁠 **희** 말이을 **이** 말 **물** 잊을 **망**	돌이킬 **반** 살필 **성** 말 **물** 원망할 **원**
喜 而 勿 忘	反 省 勿 怨
: 기뻐하고 잊지 말며,	: 반성하고 원망하지 말라.

其　一　　　　無　事
罪　欺　　　　敢　必
如　父　　　　自　稟
山　母　　　　專　行
이니라　면　　　하라　하고

(해설)

한 **일** 속일 **기** 아버지 **부** 어머니 **모**

一 欺 父 母

: 한 번이라도 부모님을 속이면,

그 **기** 허물 **죄** 같을 **여** 뫼 **산**

其 罪 如 山

: 그 죄가 산과 같으니라.

일 **사** 반드시 **필** 여쭐 **품** 행할 **행**

事 必 稟 行

: 일은 반드시 여쭈어 행하고,

없을 **무** 감히 **감** 스스로 **자** 제멋대로할 **전**

無 敢 自 專

: 감히 자기 멋대로 하지 말라.

할매의 빙의

아버지 돌아가신 지 15년이 되었다. 홀로 계신 어머니 걱정에 매일 전화 드리는 것이 하루 일과 중 하나가 되어 버린 지금, 가끔은 우탕이와 살살이를 시켜 할머니에게 전화를 하게 한다.

살살이: (살살거리는 목소리로) 여보세요!

　　　　할매!

　　　　오늘 하루 잘 지냈어?

　　　　저녁은 드셨어요?

할　매: 응!

　　　　양로당에서 먹고 왔어.

　　　　우리 예쁜이는 뭐하고 먹었어?

살살이: 미역국 한 그릇 먹었어요.

할　매: (반가운 표정으로) 하~이~고!

　　　　우리 예쁜 살살이!

　　　　잘했네!

　　　　잘했어!

다음 날 강의를 마치고 집에 돌아와 점심을 먹었다. 학교 갔다 온 살살이가 그 모습을 보며.

살살이: 석복!

　　뭐하고 밥 먹었어?

석복이: 미역국에 대충 먹었어.

살살이: (할매 말투로) 그랬어요?

　　하~이~고!

　　우리 예쁜 석복이!

　　잘했네!

　　잘했어!

석복이: ㅋ ㅋ ㅋ

치사랑! - Ⅰ

어머니 연세가 팔십 하나. 요양보호사의 도움이 있으면 생활하시는 데 도움이 될까
하여 큰형님이 서류 준비를 하고 심사 받았는데 연락이 없다.

석복이: 어머니!

　　　　아직 연락이 없나요?

어머니: 그러게!

　　　　아무 소식이 없다.

석복이: 떨어진 거 아니에요?

통화 내용을 듣던 살살이가 끼어든다.

살살이: (심각한 표정으로) 할매!

　　　　어른유치원 시험에 떨어졌어?

할　매: 응!

　　　　안 되었나 봐.

살살이: 유치원 놀이 잘 좀 하지 그랬어.

할　매: (웃으시며) 그게 쉬운 것이 아니네.

살살이: 그러면 다시 다른 데 알아봐.

그러면서 살살이가 나를 쳐다보며 말을 한다.

살살이: (씩씩한 목소리로) 할매!

　　　　다른 곳 알아보라고 석복이에게 내가 말할게.

　　　　석복!

　　　　내 말 잘 들었지!

　　　　꼭 그렇게 해.

석복이: (입가에 미소를 머금는다)

　　　　· · ·

살살이: (따뜻한 표정으로) 할매!

　　　　석복이에게 말했으니 기다려 봐.

　　　　알았지?

할　매: (웃으시면서) 어~~~

　　　　그려! 그려~~~

치사랑! - II

오늘은 살살이 15번째 생일. 아침 일찍 어머니께서 하나뿐인 손녀에게 카톡으로 축하 메시지와 함께 전화를 하셨다.

할　매: 우리 예쁜이 잘 잤어?

살살이: 네, 할머니!

　　　　할머니도 잘 주무셨어요?

할　매: 응.

　　　　잘 잤어.

　　　　오늘이 살살이 생일인데 아침밥은 먹었어?

살살이: 네.

　　　　엄마가 미역국이랑 맛있는 거 해 주셔서 먹고 있어요.

할　매: 많이 먹고,

　　　　사랑하는 우리 영은이, 생일 축하해!

　　　　복 많이 받고 건강하게 잘 자라라.

　　　　아빠에게 선물은 용돈으로 보냈으니 친구들이랑 맛있는 거 사 먹어.

살살이: (의젓한 목소리로) 네, 할머니!

　　　　감사합니다.

　　　　그리고 아빠 낳아 주셔서 고맙습니다.

할　매: 아이고, 내 새끼!

　　　　어디서 이런 말이 나온다냐.

우탕아! 살살아!

 사랑은 내리사랑도 있지만, 올릴 치! 치사랑도 있단다. 부모는 자식에게 바라는 것 없이 주시기만 한다. 물질적으로 부족하여 줄 수 없는 경우도 있겠지만, 그 외에는 다 주신다. 이처럼 사랑은 바라는 것 없이 주는 것이니, 세상을 향해 너희들도 바라는 것 없이 많은 사랑을 주며 살아가거라. 더불어 받은 사랑을 되돌려 주는 것을 올릴 치! 치사랑이라 하니, 또한 받은 사랑이 있다면 세상을 향해 되돌려 주는 사랑을 하며 살아라. 그리고 내리사랑과 치사랑의 중심에 부모님이 있으며, 그 사랑을 전해 드려야 하는 첫 번째 분이 부모님이어야 함을 명심하여라. 내가 먼저 보여 주고 행동하는 것이 너희들을 교육시켜 주는 데 옳았다는 것을 확인할 수 있었고, 그 치사랑이 부모님께 드리는 큰 사랑 중에 하나임을 살살이를 통해 알게 되었다.

 영은, 남영아! 고맙다.

剖
冰
得
鯉
는

王
祥
之
孝
니
라

雪
裏
求
筍
은

孟
宗
之
孝
요

(해설)

쪼갤 **부** 얼음 **빙** 얻을 **득** 잉어 **리**	눈 **설** 속 **리** 구할 **구** 죽순 **순**
剖 冰 得 鯉	雪 裏 求 筍
: 얼음을 쪼개어 잉어를 얻은 것은,	: 눈 속에서 죽순을 구한 것은,
임금 **왕** 상서로울 **상** 어조사 **지** 효도 **효**	맏 **맹** 마루 **종** 어조사 **지** 효도 **효**
王 祥 之 孝	孟 宗 之 孝
: 왕상의 효도니라.	: 맹종의 효도요.

살살아! 사랑해

부모가 자녀에게 줄 수 있는 가장 큰 선물 중 하나는 자신을 사랑할 줄 아는 지혜를 갖게 하는 것이다. 그래서 한 번씩 잠들기 전에 가슴을 토닥거리게 하며, 내가 먼저 선창을 하고 따라 하게 하는 말이 있다.

석복이: 살살아! 고마워.

　　　살살아! 감사해.

　　　살살아! 사랑해.

살살이: 살살아! 고마워.

　　　살살아! 감사해.

　　　살살아! 사랑해.

우탕아, 살살아!

　나의 아들, 딸로 와 주어서 고맙고, 오늘 하루도 건강하게 보내 주어서 감사하며, 너희들의 마음을 이해해 주지 못한 것이 있었다면 미안하고, 엄마, 아빠의 또 다른 존재인 너희 둘을 한없이 사랑한다.

사랑은 궁! 쿵! 꽝!

살살이와 대화할 때 수신호를 정해서 공감대를 형성하며 이야기를 한다.

세 번을 노크하면 살살아!

두 번은 잘 자!

다시 세 번은 사랑해!

살살이가 한 번을 두드리면 '웅!'으로 정했다.

우탕이는 기숙학교에 있어 주말에만 집에 오기에 평일 밤에는 우탕이 방에서 강의 준비와 공부를 하다가 잠들기 전에 살살이가 있는 옆방을 두드린다.

석복이: 똑똑똑! (살살아)

살살이: 궁! (웅)

석복이: 똑똑! (잘 자)

살살이: 쿵! (웅)

석복이: 똑똑똑! (사랑해)

살살이: 꽝! (웅)

석복이: (아이 깜짝이야) 살살아!

ㅋㅋㅋ

벽 무너진다. 살살 좀 쳐라.

譽 我　　　辱 我
及 身　　　及 身
父 能　　　父 不
母 賢　　　母 賢
　이　　　　　이
며 면　　　라 면

(해설)

나**아** 몸**신** 아니**불** 어질**현**	나**아** 몸**신** 능할**능** 어질**현**
我 身 不 賢	我 身 能 賢
: 내 몸이 어질지 못하면,	: 내 몸이 능히 어질면,
욕될**욕** 미칠**급** 아버지**부** 어머니**모**	명예**예** 미칠**급** 아버지**부** 어머니**모**
辱 及 父 母	譽 及 父 母
: 욕이 부모님께 미치느니라.	: 명예가 부모님께 미치며,

어머니! 사랑해요 - ㅣ

많은 노래 가사며, 드라마, 영화 등의 주제인 만고불변의 사랑. 그 사랑의 제일 높은 자리에 계신 어머니! 나에게 한 달 전부터 엄청난 일상의 변화가 일어났다. 부귀영화를 누리는 것보다 어쩌면 더 큰 사건이었다.

살살이: (차분한 목소리로 나를 부른다) 석복!

오늘부터 할머니에게 전화드릴 때 제대로 할 말을 하고 통화해.

석복이: 그게 또 무슨 말이야, 살살아?

살살이: 석복이가 할머니 아들로 태어날 수 있었던 확률이 얼마인지 알아?

석복이: 헉!

몰라.

살살이는 알아?

살살이: (입가에 미소를 띠며) 석복이 머리로는 계산이 안 될 거야.

모르면 그냥 할머니께 전화할 때마다 첫인사로 "어머니! 사랑해요" 하고 말해 드리며 통화해.

알았지!

꼭 해 드려야 해.

순간 나는 너털웃음을 지었지만, 쑥스러움은 어찌해야 할지 몰랐다.

살살이: (내 핸드폰으로 할머니에게 전화를 직접 건다)

　　　　할매~~~

　　　　오늘은 뭐하고 지냈어?

　　　　경로당(코로나로 출입금지)에 몰래 들어가 할매들하고 또 놀았어?

할　매: 응!

　　　　너무 더워서 동네 할매들하고 놀다 왔어.

살살이: 할매!

　　　　말을 잘 들어야지.

　　　　하지 말라고 했으면,

　　　　안 해야지 왜 그랬어.

할　매: (웃으시며) 그러게!

　　　　너무 더워서 잠깐 쉬고 왔어.

　　　　다음부터는 안 그럴게.

살살이: 괜찮아.

　　　　코로나 조심하고.

　　　　그리고 할매!

　　　　석복이가 할 말 있다고 하니 바꿔 줄게.

그러면서 전화기를 나에게 건네주며, 눈짓으로 빨리 할 말을 하라고 한다.

석복이: (웃음으로 대충 넘어가며) 네, 어머니!

　　　　저녁은 드셨어요?

　　　　날이 더운데 밭에 가서 또 일하셨어요?

살살이: (핸드폰을 빼앗아 가며 다시 이야기를 한다)

할매!

석복이가 할매에게 할 말이 있대.

할　매: 무슨 할 말!

살살이: 몰라!

석복이가 말해 줄 거야.

살살이의 무서운 눈빛을 받으며 나는 웃을 수밖에 없었다. 살살이의 구박을 외면한 채 긴 호흡을 내쉬었다. 중학교 1학년인 영은이가 인생을 살아가면서 지금 하고 있는 행동이 어떤 의미로 영향을 받을지 생각하며 어머니와 통화를 이어 갔다.

석복이: 어머니! 사랑해요.

할　매: (잠깐의 어색한 침묵이 흐른 후)

옹!

나도 우리 아들 사랑해!

내 자식으로 인해 52년 삶을 살면서 처음으로 어머니와 아들이 주고받는 '어머니! 사랑해요, 아들아! 사랑한다'라는 이 말이 나를 감동시킨다. 살살아! 고맙다. 내 딸아! 고맙다. 자식 노릇 할 수 있게 해 주어서 고맙고, 할머니에게 온전한 어머니의 자리를 만들어 주어서 고맙고, 부모와 자식은 사랑 그 자체라는 것을 알면서도 표현하지 못했던 나를 깨우쳐 주어서 고맙다.

석복이: (쑥스러워하며) 어머니!

살살이가 시켜서 이러고 있어요.

할　매: (깜짝 놀라시며) 아니!

우리 살살이는 어떻게 그런 생각을 하고,

그런 말들을 한다니.

예쁜 것이 예쁜 짓만 골라서 하는구나.

석복이: 그러게요.

살살아!

석복이 했으니 너도 해!

살살이: 할매!

살살이가 할매 사랑해요!

할 　매: (기뻐하시며) 아이고!

할매도 우리 살살이 사랑해요!

어디서 이런 예쁜 손녀가 왔는지 할매는 너~무 행복해요.

살살이: 이제부터 석복이가 할매한테 할 말 안 하고 통화하면 나에게 말해.

내가 혼내 줄게.

알았지, 할매?

할 　매: (웃으시며) 응!

그러소! 그러소!

우리 예쁜 살살이.

심청이가 이 모습을 보아야 하는데.

어머니! 사랑해요 - ‖

한여름 볕이 뜨겁다. 절기로 하지가 넘으면 감자도 캐고, 양파도 캐야 한다. 주말에 어머니 일을 도와드리고 저녁에 살살이와 통화를 하였다.

살살이: 석복!

　　　　할매랑 저녁 맛있게 먹었어?

석복이: 웅!

　　　　오골계에다 능이버섯을 넣어 백숙 했는데 할머니도 맛있게 드셨어.

살살이: 잘했네.

　　　　그리고 할매 만나서 인사는 제대로 했어?

석복이: (사실은 안 했지만) 그럼!

　　　　자~~~알 했지.

살살이: (미심쩍은 목소리로) 그래?

　　　　할매 바꿔 줘 봐.

살살이와 통화를 하시는 어머니.

할　매: 우리 살살이 잘 지냈어?

　　　　아빠 올 때 함께 오지 그랬어.

살살이: 할 일이 있어서 못 갔어요.

　　　　다음에는 꼭 따라 갈게요.

　　　　그런데 할매!

할　매: 웅!

　　　　우리 예쁜이.

살살이: 석복이가 할매보고 인사 제대로 했어요?

할　매: (웃음을 참으시며)

　　　　그럼! 제대로 했지.

살살이: 어! 아닌 것 같은데.

　　　　할매!

　　　　혹시 아들이랑 둘이 짜고 그런 건 아니지?

할　매: (방 안 가득 어머니의 웃음소리가 들린다)

　　　　아녀! 아녀! 살살아!

　　　　안 짰어.

살살이: 할매!

　　　　그럼 됐어.

　　　　석복이 바꿔 주세요.

석복이: 살살아!

　　　　들었지?

살살이: 석복!

　　　　(살살 웃으며)

　　　　그런데 좀 수상해.

　　　　그리고 할매는 손녀보다 아들이 더 좋아가 봐.

석복이: 뭐가 또 수상해!

살살이: 석복이는 나랑 있으면 내가 지키고 있으니 어쩔 수 없이 했지만 혼자서는 쑥스러워 "어머니! 사랑해요!"라고 못 했을 건데, 할매는 그렇게 했다고 말하며 석복이 편을 들어 주는 것을 보니 수상하기도 하고, 또 아들이 좋긴 좋은가 봐.

아무튼 청소랑 맛난 것 해 드리고 할매랑 잘 지내다 와.

석복이: (여우같은 살살이)

ㅋㅋㅋ

네!

어머니와 나는 살살이 이야기를 하며 그렇게 행복한 밤 시간을 보냈다.

우탕아, 살살아!

인륜지중人倫之中에 충효위본忠孝爲本이니
효당갈력孝當竭力하고 충즉진명忠卽盡命하라.

인륜 가운데에 충성과 효도가 근본이니,
효도는 마땅히 힘을 다하고 충성은 곧 목숨을 다하라.

충은 진기지위충盡己之謂忠이요, 모든 일에 마음을 다하여 최선을 다하는 것이며, 효는 백행지본百行之本이라, 백가지 행동의 근본이라 하였다. 너희 둘의 삶에 있어서 가장 먼저인 것이 충이요, 너희 둘의 삶에 있어서 가장 으뜸인 것이 효이니 충과 효의 깊고 넓은 뜻을 잘 헤아리기 바라며 이 두 글자가 너희 자신과 가정, 그리고 사회에 근본이 되는 삶이기를 아빠, 엄마는 늘 기도하며 살아가마. 충효는 쉬운 단어이고, 모두가 다 아는 것 같지만 사실은 그렇지 않단다. 남들이 다 알고 있는 것이라면 너희들에게 말할 필요가 없었을 것이다.

선지후행先知後行이나 지경중행知輕重行하라.

아는 것이 먼저이고 행하는 것이 뒤이나, 아는 것을 가벼이 하고 행하는 것을 무겁게 하라는 말처럼 행하지 못하면 안다고 할 수 없는 것이다. 너희들이 배우고 있는 이 공부가 곧 충과 효를 일깨워 주는 것이니, 성장하며 꼭 행하면서 살아라. 이것을 통해 왜 사는지, 어떻게 살아야 하는 지를 스스로가 알게 될 것이다.

禽 不
獸 能
無 如
異 此
니 면
라

事 可
親 謂
如 孝
此 矣
면 니
　 라

(해설)

아니 **불** 능할 **능** 같을 **여** 이 **차** **不 能 如 此** : 능히 이와 같지 않으면,	섬길 **사** 어버이 **친** 같을 **여** 이 **차** **事 親 如 此** : 어버이 섬기기를 이와 같이 하면,
날짐승 **금** 짐승 **수** 없을 **무** 다를 **이** **禽 獸 無 異** : 짐승과 다름이 없느니라.	가히 **가** 이를 **위** 효도 **효** 어조사 **의** **可 謂 孝 矣** : 가히 효도라 이를 지니라.

忠孝無窮 寶貨有盡 이니라 이나

立敬惟長 立愛惟親 하라 하고

(해설)

보배 **보**	재화 **화**	있을 **유**	다할 **진**		설 **입**	사랑 **애**	생각할 **유**	어버이 **친**

寶貨有盡

立愛惟親

: 보화는 다함이 있으나,

: 사랑을 세움에 부모를 생각하고,

충성 **충**	효도 **효**	없을 **무**	다할 **궁**		설 **입**	공경할 **경**	생각할 **유**	어른 **장**

忠孝無窮

立敬惟長

: 충효는 다함이 없느니라.

: 공경을 세움에
어른을 생각하라,

忠　孝
卽　當
盡　竭
命　力

忠　人
孝　倫
爲　之
本　中

하　하
라　고

이　에
니

(해설)

효도 **효** 마땅할 **당** 다할 **갈** 힘 **력**

孝 當 竭 力

: 효도는 마땅히 힘을 다하고,

사람 **인** 인륜 **륜** 어조사 **지** 가운데 **중**

人 倫 之 中

: 인륜의 가운데에,

충성 **충** 곧 **즉** 다할 **진** 목숨 **명**

忠 卽 盡 命

: 충성은 곧 목숨을 다하라.

충성 **충** 효도 **효** 될 **위** 근본 **본**

忠 孝 爲 本

: 충성과 효도가 근본이 되니.

제3장

형제 편

큰아버지! 환갑을 진심으로 축하드립니다

2021년 초여름, 큰형님 환갑이 되어 조촐하게 가족모임을 하기로 하였다. 그런데 코로나로 4인 이상 집합금지가 되어 취소되었다. 외박을 나왔다 다시 학교로 돌아간 우탕이, 그다음 날 큰형님에게서 한 통의 문자와 전화가 왔다.

큰 형: 별일 없이 잘 지내고 있지?

석복이: 네, 형님!

　　　　다들 잘 지내고 있습니다.

큰 형: 야!

　　　　남영이 왔다 갔냐?

석복이: 형님 환갑 때문에 토요일에 외박 신청했다가 일요일에 들어갔어요.

큰 형: 그랬구나!

　　　　남영이한테서 문자가 왔는데 참 잘 컸구나.

석복이: 다른 조카들도 다 그렇게 컸는데 이 녀석만 그러겠어요.

　　　　뭐라고 문자 왔어요?

큰 형: 보내 줄게, 읽어 보고.

　　　　다음에 좀 잠잠해지면 저녁이나 먹자.

석복이: 네!

알겠습니다.

건강히 잘 지내고 계십시오.

그런 후 장문의 문자가 도착하였다.

큰아버지!

안녕하세요? 저 남영이입니다. 큰아버지께서 벌써 환갑이시라니 ㅠㅠ. 환갑을 진심으로 축하드리며 코로나 19로 직접 찾아뵙지 못하고 학교로 돌아와 아쉬웠습니다. 앞으로 건강과 행복을 기원하겠습니다. 행복의 기준은 사람마다 다르겠으나 큰아버지의 얼굴에 큰 웃음이 지어질 만큼의 행복함이었으면 합니다. 물론 금전적으로 풍족하여 하시고 싶은 것들 모두 할 수 있다면 좋겠지만, 그것은 오래가지 못한다고 생각합니다. 큰아버지께서 사랑하는 사람들과 뜨거운 사랑을 하시며 매일 설렘 속에 사셨으면 좋겠고, 친구분들과 갈등 없이 오래도록 함께하셨으면 좋겠으며, 가족 모두가 건강해서 아프지 않았으면 좋겠고, 누군가는 잊은 채 살아가고 있을 삶 속의 사소함에 큰아버지께서 밝은 미소를 지어 주실 수 있었으면 좋겠습니다. 큰아버지는 제가 아는 사람들 중에서 웃는 모습이 가장 멋지시고 가장 행복하셨으면 하는 분이니까요. 2004년 8월 16일부터 2021년 7월 11일까지 18년 동안 마음 써 주시며, 입학하고 졸업할 때마다 챙겨 주신 점에 대해서 감사함을 표하기에 그 어떤 수식어도 부족하기만 합니다. 큰아버지 앞에 당당히 설 수 있고 베풀어 주신 온정에 조금이라도 보답할 수 있는 큰사람이 되겠습니다. 원래 이런 편지는 자필로 써서 선물과 함께 드리는 것이 예의지만 상황이 상황이다 보니 양해해 주십시오. 큰아버지의 환갑을 다시 한번 경축드리며 이만 마치도록 하겠습니다. 항상 건강하시기를 바라며 더 좋은 날 찾아

뵙겠습니다.

2021년 7월 11일 조카 고남영 올림

무식한 석복이!

여름방학이라 집에서 우탕이와 살살이가 놀고 있다.

살살이: 석복!

　　　　우탕이가 귀찮게 해.

석복이: 살살아!

　　　　무식한 애하고는 놀지마.

살살이: (살살 웃으며) 알았어!

　　　　그럼, 석복이랑 놀면 안 되겠네.

　　　　석복이랑 놀아 주려고 했는데,

　　　　많이 아쉽다~~~

　　　　ㅋ ㅋ ㅋ

석복이는 왕따

꾸꾸랑 우탕이가 쫑알쫑알 떠들고 있다.

석복이: 살살아!

　　　두 사람 좀 조용히 하라고 해.

　　　우리 놀고 있는데 시끄러워.

살살이: (장난꾸러기 표정으로) 우리!

　　　우리가 아니라, 석복이지.

　　　나는 빼 주세요!

　　　ㅋㅋㅋ

오빠에게! - |

여름 방학이 코로나로 2주일 연기되고 비대면으로 전환되어 우탕이와 살살이는 집에서 수업을 받고 있다. 우탕이는 1학년 1학기 기말고사 결과가 좋지 않아 마음을 잡지 못한 채 하루하루를 보내고 있었다. 그 모습을 보며 부모로서 해 줄 수 있는 것은 편안한 마음을 갖도록 표시 안 나는 무관심과, 스스로 일어날 때까지 기다려 주는 것뿐이었다. 그러던 어느 날, 살살이에게서 장문의 문자가 왔다. 오빠를 보면서 자기도 안타까웠던지 오빠에게 보낸 편지였다. 읽는 내내 말로 표현할 수 없는 대견함과 사랑을 느낄 수 있었다. 어린 줄만 알았던 살살이의 마음을 볼 수 있어서 행복하였고, 생각의 폭이 깊어서 행복하였으며, 세월이 흐른 후 나 없는 세상에서 오빠와 여동생으로 어떻게 살아가야 되는지를 알고 있어서 행복하였다.

오빠, 안녕…

요즘 많이 힘들어 보이기에 기운 내라고 몇 자 적어. 중학교 3학년 때 전교 1등으로 졸업한 것은 오빠 인생에 있어서 참 대견하고 자랑스러운 일이었어. 그렇게 정점을 찍기 전까지 많이 힘들었을 거고, 정말 미친 듯이 했을 거고, 가끔은 포기하고 싶을 때도 있었을 거야. 고등학교 올라와서 뭐든지 잘할 거라는 믿음, 압박, 기대감, 고정관념이 오빠를 미치게 했을 거고, 생각했던 것처럼 일이 잘 풀리지 않아서 자존감도 낮아지고 노력한 만큼 결과가 나오지 않아서 속상했을 거야. 그럴 수도 있지. 당연히 그럴 수도 있는 거야.

괜찮아!! 어떻게 매일 잘하기만 하겠어? 하지만 중요한 건 과거가 아니라 지금 살고 있는, 앞으로 살아갈 인생이라고 생각해. 너무 과거를 돌아보면 안 돼. 지금까지 무얼 했든지, 오빠가 누구였든지 간에 모든 걸 내던질 자세가 되어야 돼. 자책보다는 앞을 내다보면서 준비를 하는 편이 훨씬 유익한 것 같아.

쓰러져도 괜찮아, 넘어지지만 마! 일어날 일만 남았잖아.

눈부시게 빛나지 않아도 괜찮아. 시들지만 마!

언제나 끈질기고 운이 좋은 사람은 할 수 있어. 그러니 자신을 믿으며 끝끝내 버텨 내다 보면 지금보다 너 나은 사람이 돼 있지 않을까? 장애물로 인해 오빠를 멈추게 하려 하지 말고, 벽을 향해 뛰어갈 때 주저하거나 포기하지 말고, 그 벽을 어떻게 넘을지, 어떻게 통과할지, 어떻게 해결할지 생각하다 보면, 언젠가는 알아낼 수 있을 거야. 사람들은 '그때 알았더라면, 그때 잘했더라면'이라고 말하지만, 훗날에서 보면 지금이 바로 그때가 되는데, 지금은 흘러가는 대로 보내면서 그때만을 찾는 어리석음을 모르는 것이 더 인간을 어리석어 보이게 하는 것 같아.

과거는 중요하지 않아. 물론 아프고 힘들기는 할 거야. 하지만 둘 중 하나야. 도망치든가! 아니면 극복해 가든가! 안 좋은 일에서 손을 빨리 뗄수록 더 빨리 좋은 일이 생기는 거야. 오빠 자신을 믿고 하나씩 해 봐. 오빠에게는 꿈을 이루기 위한 시간이 아직 충분히 있어.

지금까지 있었던 일들이 좋았다면 추억으로, 나쁘고 힘들었다면 더 발전한 고

남영을 만들게 해 줄 경험으로 생각하자. 삶은 강한 사람도 무너뜨리곤 하잖아. 이번에 오빠가 강해지는 방법을 알아 갔으면 좋겠어. 마음고생하느라 힘들고 속상했지? ㅠㅠ. 난 오빠 편이고, 또 많은 사람이 오빠 편이고, 안 보여서 그렇지 주변에 많은 사람들이 응원하고 있으니 기운 내. 잘했고 잘하고 있고 잘해 낼 거야.

힘들고 스트레스받더라도 실수는 오빠가 모르는 사이 오빠를 더 똑똑하게 만들고, 오빠를 더 강하게 만들고, 오빠를 더 자립적으로 만들어 줄 거야. 오빠가 실수를 만드는 게 아니라 실수가 더 현명한 오빠를 만들어 줄 수 있는 거니까! 자책하지 말고, 헛되게 생각하지 말고, 아쉬워하지 말고, 뒤돌아보지 말고 당당하게 살았으면 좋겠어. 오빠는 오빠 생각보다 잘하고 있고 그건 오빠가 가장 잘 알아줘야 하는 사실이야. 비교는 다른 사람의 장점과 오빠의 불리한 점을 비교하는 거니까. 다른 사람이랑 비교도 하지 말고 기죽지도 마.

애써 말하지 않아도 알아. 오빠 참 잘해 왔어. 그리고 고생 많았어. 결국 잘될 거야. 꼭 지금이 아니더라도, 꼭 당장이 아니더라도, 잘될 거야. 오빠를 작은 사람으로 만들지도 마. 오빠는 오빠 생각보다 괜찮은 사람이고 큰사람이니까. 앞으로는 과거를 뒤돌아보며 후회하지 말고 힘들어하지도 말자. 앞에 놓인 찬란한 시간만을 바라보며 나아가기를 내가 응원해 줄게.

아빠랑 공부하면서 배웠어.
"몸의 형상은 다르나 본래 한 피를 받았고, 뼈와 살을 나누어 가졌으나 근본은 같은 것이며, 가지는 다르나 뿌리는 같고, 물의 흐름은 다르나 그 근원은 같은 것."이라고.

누가 넌 할 수 없다고 무시한다면 그게 누구든지 마음에 담아 두지 마. 꿈이 있다면 지켜 내야 돼. 하고 싶은 일이 있다면 끝까지 밀어붙여. 살다 보면 괴로운 일이 많을 거야. 하지만 어딘가에는 반드시 희망도 있을 거야. 희망이 없다면 찾으면 되고 보이지 않는다면 만들면 돼. 그러다 그 희망마저 잃어버렸다면 처음부터 다시 시작하면 돼. 그렇게 앞으로 나아가면 돼. 오빠는 그렇게 앞으로 나아갈 수밖에 없어.

생각을 조심해, 말이 돼.
말을 조심해, 행동이 돼.
행동을 조심해, 습관이 돼.
습관을 조심해, 성격이 돼.
성격을 조심해, 운명이 돼.
결국, 운명은 생각하는 대로 돼.

할 수 없다고 생각하지 말고 잘할 수 있다고 생각해. 언제까지나 오빠의 멋진 점을 잃지 말고. 공부가 인생에 전부는 아니지만 인생에 전부도 아닌 공부를 맘대로 못 하면 세상을 어떻게 살아가겠어! 근데 내가 보기에 오빠는 원하는 걸 이룰 수 있을 거야. 잘 못해도 되고 못할 수도 있는 거고, 노력한 만큼 안될 수도 있겠지만, 포기하지는 마. 천천히 하나씩 하다 보면 어느새 목표에 가까워져 있을 거야. 어떤 식으로든 새로운 삶을 살고 싶다면, 이전과는 완전히 다른 결과를 보고 싶다면, 오빠가 위험을 감수해야 할 거야. 그러려면 잠재의식을 직면해야 할 거고, 그 뜻은 익숙한 정지화면을 깨고 나가야 돼. 위험을 감수하지 않고 새로운 무언가를 할 수는 없을 거야.

오늘부터 새로 시작하면 돼. 그러니 과거에 관심을 가지지 마. 과거는 이미 지나간 일이잖아. 슬퍼도 짜증이 나도 직시해야 해. 지금부터 과거는 버렸으면 좋겠어. 한 번에 안 버려질 거야. 조금씩, 조금씩 버려 나가. 세상에 완벽한 사람은 없잖아. 스스로 만족할 수 있는 삶은 스스로가 충분히 만들 수 있다고 생각해.

손이 타 버릴 듯 뜨거울 지라도 담고 싶은 태양이 있다면 죽어도 놓지 마. 할 수 있어, 나의 오빠 고남영! 알았지? 여기까지도 수고한 거야.

오빠♥ ♥ ♥

파이팅~~~

2020년 8월 30일 하나뿐인 동생 영은

우탕이 생일날 아침, 용돈을 모은 5만 원과 편지를 전해 주는 살살이.

오빠!

오빠의 18번째 생일을 축하하며 항상 건강하고 행복했으면 좋겠어. 얼마 남지 않은 10대 시절, 시간이 흐른 후 의미 있었던 날들로 기억될 수 있도록 친구들과 많은 추억 쌓기를 바랄게. 오빠의 꿈을 이루기 위해서는 한 걸음 한 걸음이 성실해야 한다고 생각해. 다행히 점점 생활도 자리 잡아 가고 있고 잘하고 있으니 의심하지 말고 초심을 잃지 마. 1년 하고 한 학기가 결코 짧은 시간은 아닐 것 같아. 그 기간 동안 공부만 하다 보면 지치고 하기 싫어질 때도 있을 거야. 하지만 지나가는 바람에 무너지기에는 중학교 때부터 해 왔던 것이 아깝잖아.

상상할 수 없을 정도의 꿈을 꾸고 있다면 상상할 수 없을 만큼의 노력이 필요한 건 당연하지 싶어. 위를 보며 우쭐해하지도 말고, 아래를 보며 방심하지 않으며, 살다가 어느 날 정신을 차려 보니 유유히 흘러온 시간 앞에 가장 멋진 사람으로, 가장 멋진 곳에 서 있기를 응원할게. 좋은 학벌이 꼭 성공한 인생을 보장해 주는 건 아니지만 적어도 성적으로 발목 잡히는 일이 없으면 좋잖아.

엄마, 아빠의 하나뿐인 아들로, 내 오빠로 태어나 줘서 고마워. 그리고 잊지 마. 오빠는 부모님의 자랑이자, 자부심이라는 거. 모자라고 부족한 자식이 아니라는 것을. 항상 나는 소중한 나의 오빠 편임을.

　다시 한 번 생일 축하하고 선물은 돈으로 대신할게. 학교 가서 친구들하고 바로 매점으로 달려가기를.

　오빠, 사랑해!

2021년 8월 8일 To 오빠

우탕아, 살살아!

　　형제자매兄弟姉妹는 동기이생同氣而生이니

　　형우제공兄友弟恭하여 불감원노不敢怨怒하라.

　　형제자매는 같은 기운을 받고 태어났으니,

　　형은 우애하고 동생은 공손하여 감히 원망하거나 성내지 말아라.

　너희 둘의 아버지로 인연 된 것을 소중하게 여기고, 너희 또한 남매의 연으로 맺어진 것을 감사하게 생각하며, 지금처럼 그렇게 사랑하며 살아가거라. 또한 사촌이면 형제이니 어른이 되어서도 형들하고 우애를 나누며 서로 잘 지내기를 바란다. 엄마, 아빠도 부모로서 사람답게 살다 가는 것이 무엇인지를 알고 행할 수 있도록 더 많이 노력하마.

　아들아! 딸아!

　사랑한다.

兄弟姉妹는 同氣而生이니

兄友弟恭하야 不敢怨怒하라

(해설)

맏 **형** 우애할 **우** 아우 **제** 공손할 **공** 兄 友 弟 恭 : 형은 우애하고 동생은 공손하여,	맏 **형** 아우 **제** 언니 **자** 누이 **매** 兄 弟 姉 妹 : 형제자매는,
아니 **불** 감히 **감** 원망할 **원** 성낼 **노** 不 敢 怨 怒 : 감히 원망하거나 성내지 말라.	한가지 **동** 기운 **기** 말이을 **이** 날 **생** 同 氣 而 生 : 같은 기운을 받고 태어났으니,

骨肉雖分 이나
本生一氣 며

形體雖異 나
素受一血 이니라

(해설)

<table>
<tr><td>

형상 **형** 몸 **체** 비록 **수** 다를 **이**

形 體 雖 異

: 몸의 형상은 비록 다르나,

</td><td>

뼈 **골** 살 **육** 비록 **수** 나눌 **분**

骨 肉 雖 分

: 뼈와 살은 비록 나누어졌으나,

</td></tr>
<tr><td>

본디 **소** 받을 **수** 한 **일** 피 **혈**

素 受 一 血

: 본래 한 피를 받았느니라.

</td><td>

근본 **본** 날 **생** 한 **일** 기운 **기**

本 生 一 氣

: 근본은 한 기운에서 태어났으며,

</td></tr>
</table>

比 之 於 木 하면
同 根 異 枝 하며

比 之 於 水 하면
同 源 異 流 니라

(해설)

견줄 **비** 어조사 **지** 어조사 **어** 물 **수**	견줄 **비** 어조사 **지** 어조사 **어** 나무 **목**
比 之 於 水	比 之 於 木
: 물에 견주어 보면,	: 나무에 견주어 보면,
한가지 **동** 근원 **원** 다를 **이** 흐를 **류**	한가지 **동** 뿌리 **근** 다를 **이** 가지 **지**
同 源 異 流	同 根 異 枝
: 근원은 같고 흐름은 다른 것이니라	:뿌리는 같고 가지는 다른 것이며,

一杯之水라도 必分而飲하고

一粒之食이라도 必分而食하라

(해설)

한 **일** 쌀알 **입** 어조사 **지** 밥 **식**	한 **일** 잔 **배** 어조사 **지** 물 **수**
一 粒 之 食	一 杯 之 水
: 한 쌀알의 밥이라도,	: 한 잔의 물이라도,
반드시 **필** 나눌 **분** 말이을 **이** 먹을 **식**	반드시 **필** 나눌 **분** 말이을 **이** 마실 **음**
必 分 而 食	必 分 而 飲
: 반드시 나누어 먹어라.	: 반드시 나누어 마시고,

兄雖責我 라도
莫敢抗怒 하며

弟雖有過 라도
須勿聲責 하라

(해설)

맏 **형** 비록 **수** 꾸짖을 **책** 나 **아**	아우 **제** 비록 **수** 있을 **유** 허물 **과**

兄 雖 責 我

: 형이 비록 나를 꾸짖더라도,

弟 雖 有 過

: 아우가 비록 잘못이 있더라도,

말 **막** 감히 **감** 항거할 **항** 성낼 **노**	모름지기 **수** 말 **물** 소리 **성** 꾸짖을 **책**

莫 敢 抗 怒

: 감히 항거하거나 성내지 말며,

須 勿 聲 責

: 모름지기 소리 내어 꾸짖지 말라.

兄　弟
弟　有
有　難
難 이
　 어
　 든

悶　兄
而　能
思　如
救　此
하　면
고

弟
亦
效
之
니
라

(해설)

맏 **형** 능할 **능** 같을 **여** 이 **차**	맏 **형** 아우 **제** 있을 **유** 어려울 **난**
兄　能　如　此	兄　弟　有　難
: 형이 능히 이와 같이 하면,	: 형제간에 어려움이 있거든,
아우 **제** 또 **역** 본받을 **효** 어조사 **지**	번민할 **민** 말이을 **이** 생각 **사** 구원할 **구**
弟　亦　效　之	悶　而　思　救
: 아우 또한 본받으리라.	: 근심하며 구원할 생각을 하고,

父母喜之시니라　兄弟和睦이면　　豈若兄弟리오　雖有他親이나

(해설)

맏 **형**　아우 **제**　화합할 **화**　화목할 **목** 兄　弟　和　睦 : 형제가 화목하면,	비록 **수**　있을 **유**　다를 **타**　친할 **친** 雖　有　他　親 : 비록 다른 친한 사람이 있으나,
아버지 **부**　어머니 **모**　기쁠 **희**　어조사 **지** 父　母　喜　之 : 부모님께서 기뻐하시니라.	어찌 **기**　같을 **약**　맏 **형**　아우 **제** 豈　若　兄　弟 : 어찌 형제와 같으리오.

제4장

스승 편

아들 잘 키웠네!

중학교 3학년 담임이 우탕이를 칭찬하는 문자가 왔다. 꾸꾸가 선생님에게 보낸 답장을 본 살살이.

살살이: (깔깔대고 웃으며) 아이고!

　　　　두 사람의 거짓말을 눈 뜨고 못 봐주겠네.

꾸　꾸: 살살아!

　　　　너 엄마한테 혼 좀 나 볼래?

살살이: (갑자기 근엄한 얼굴로) 아니!

　　　　아들 잘 키웠네, 뭐!

살살이: (살며시 내게 다가와) 허언증 말기 증상이야 두 사람.

석복이: ㅋ ㅋ ㅋ

무시

우석대학교 졸업생인 태웅이에게서 전화가 왔다. 한국 전력공사 계열인 KDN에서 계약직으로 근무하다 법원직 정보 보안 분야 경력직으로 합격하였다는 소식이었다.

석복이: (우쭐대며) 석복이한테 수업 들었던 학생이 좋은 곳에 취업했다고

　　　　조만간 밥 사 주러 온대.

　　　　석복이 이런 사람이야!

살살이: (인정 못하겠다는 표정으로) 아!

　　　　그래~~~?

　　　　뭐! 그럼, 그 학생이 원래부터 똑똑했나 보네.

석복이: ㅋ ㅋ ㅋ

　　　　기가 막혀 죽겠네, 정말!

　　　　이제부터 살살이 너하고 안 놀란다.

弟 先 　 必 事
子 生 　 恭 師
是 施 　 必 如
則 教 　 敬 親

하라 어시든 　 하며 하야

(해설)

먼저 **선** 날 **생** 베풀 **시** 가르칠 **교**	섬길 **사** 스승 **사** 같을 **여** 어버이 **친**
先 生 施 教	**事 師 如 親**
: 선생님이 가르침을 베푸시거든,	: 스승 섬기기를 부모님 같이 하여,
제자 **제** 어조사 **자** 이 **시** 본받을 **칙**	반드시 **필** 공손할 **공** 반드시 **필** 공경할 **경**
弟 子 是 則	**必 恭 必 敬**
: 제자들은 이것을 본받아라.	: 반드시 공손하고 반드시 공경하며,

始 習 文 字
어 든

字 劃 楷 正
하 고

書 冊 狼 藉
어 든

每 必 整 頓
하 라

(해설)

글 서 책 책 어지러울 랑 깔 자	처음 시 익힐 습 글월 문 글자 자
書 冊 狼 藉	始 習 文 字
: 서책이 어지러이 깔려 있거든,	: 처음 문자를 익히거든,
매양 매 반드시 필 가지런할 정 조아릴 돈	글자 자 그을 획 곧을 해 바를 정
每 必 整 頓	字 劃 楷 正
: 매번 반드시 정돈하라.	: 글자의 획을 곧고 바르게 하고,

能　莫　　能　總
孝　非　　知　是
能　師　　能　師
悌　恩　　行　功

는　이　　이　이
　　며　　　　니
　　　　　　　　라

(해설)

능할 **능** 알 **지** 능할 **능** 행할 **행** **能 知 能 行** : 능히 알고 능히 행하는 것이,	능할 **능** 효도 **효** 능할 **능** 공손할 **제** **能 孝 能 悌** : 능히 효도하고 능히 공손한 것은,
다 **총** 이 **시** 스승 **사** 공 **공** **總 是 師 功** : 다 스승의 공이니라.	없을 **막** 아닐 **비** 스승 **사** 은혜 **은** **莫 非 師 恩** : 스승의 은혜 아님이 없으며,

제5장

친구 편

살살이는 사채업자

후배 어머니가 돌아가셨다는 연락과 함께 몇몇 친구들이 코로나 상황으로 여의치 않아 부의금을 대신 전해 달라는 전화를 받았다.

석복이: 살살아!

　　　　너 혹시 10만 원 있어?

살살이: (눈을 반짝이며) 왜?

　　　　10만 원을 어디에 쓰려고.

　　　　석복이는 없어?

석복이: 응!

　　　　지금 장례식장에 가야 하는데 다른 사람들이 부의금을 대신 전해 달라고

　　　　하네. 돈이 조금 부족하고 은행가려니 귀찮기도 해서.

살살이: (심술쟁이 얼굴로) 알았어!

　　　　그런데 이자 있는 거 알지?

　　　　언제 갚을 거야?

석복이: 내일 바로 돌려줄게.

살살이: 하루 지날 때마다 이자 만 원이야!

석복이: (어이없어하며) 알았다고요, 바로 갚으면 되지.

다음 날 사람들이 입금을 한다고 했는데 한 사람이 잊었는지 소식이 없다. 문자로 상황 설명을 하였더니 한의사인 친구에게서 톡이 왔다.

한의사: 바로 입금한다는 것이 깜박했습니다.

영은이에게 늦어서 미안하다고 전해 주십시오.

하루 이자 만 원과 함께 입금하였습니다.

돈을 찾아 살살이에게 주며 카카오톡으로 보내 온 문자를 보여 주었다.

살살이: (기분 좋은 표정으로) 멋진 친구네.

이 삼촌하고 계속 친하게 지내고,

술 먹으러 가면 늦게 들어와도 좋아.

그리고 또 돈 필요하면 언제든지 말해.

그때는 이자 조금 싸게 해 줄게.

석복이: (입을 삐쭉거리며) 그래라!

놀부 마누라 같은 욕심쟁이 딸아!

콩나물국에 밥 한 그릇 드셔!

전국적으로 유난히 비가 많이 온 2020년 여름. 친구 병원 지하 주차장이 침수되고 차까지 물에 잠겨 폐차해야 한다는 소식에 위로차 모여 소주 한잔하기로 하였다. '장미' 장마에 비는 솔솔 내리고 모두들 술은 술술 들어간다. 시간은 밤 12시 40분, 꾸꾸와 살살이는 이미 잠들어 있는 시간에 들어와 조용히 자고 일어난 아침.

살살이: (식탁에 앉아 밥을 먹으며) 석복!

어제 전화를 안 하니 신났데?

몇 시에 들어왔어?

석복이: 12시 정각에 들어왔지.

살살이: (살살 웃으며)

이제 거짓말까지 다 하네.

내가 그 시간에 안 자고 있었거든.

바른대로 이야기해.

안 그러면 앞으로 술 먹으러 못 나가게 할지도 몰라.

석복이: 으앙~~~

살살이 너 나빠!

12시까지 오려고 했는데, 친구들이랑 버스 정류장에 앉아 비 소리 들으며 맥주 한잔 더하느라고 조금 늦었던 거야.

살살이: (차분한 눈빛으로 나를 바라보며) 알았어.

또, 그렇게 거짓말하지 말고,

조용히 반성하며 콩나물국에 밥 한 그릇 드세요!

석복이: 헉!

이건 뭐지?

友 其 正 人 이면
我 亦 自 正 하고

從 遊 邪 人 이면
我 亦 自 邪 니라

(해설)

따를 종	놀 유	간사할 사	사람 인
從	遊	邪	人

: 간사한 사람을 따라 놀면,

나 아	또 역	스스로 자	간사할 사
我	亦	自	邪

: 나 또한 스스로 간사해지니라.

벗 우	그 기	바를 정	사람 인
友	其	正	人

: 바른 사람을 벗하면,

나 아	또 역	스스로 자	바를 정
我	亦	自	正

: 나 또한 스스로 바르게 되고,

近墨者黑 하고
近朱者赤 하며
白沙在泥 면
不染自汚 니라

(해설)

흰 백 모래 사 있을 재 진흙 니	가까울 근 먹 묵 사람 자 검을 흑
白 沙 在 泥	近 墨 者 黑
: 흰 모래가 진흙에 있으면,	: 먹을 가까이하는 사람은 검어지고,
아니 불 물들일 염 스스로 자 더러울 오	가까울 근 붉을 주 사람 자 붉을 적
不 染 自 汚	近 朱 者 赤
: 물들이지 않아도 스스로 더러워지니라.	: 붉은 것을 가까이하는 사람은 붉어지며,

其　同　　其　二
臭　心　　利　人
如　之　　斷　同
蘭　言　　金　心

同心之言은
其臭如蘭이니라

二人同心하고
其利斷金하니

(해설)

한가지 **동** 마음 **심** 어조사 **지** 말씀 **언**	두 **이** 사람 **인** 한가지 **동** 마음 **심**
同 心 之 言	二 人 同 心
: 마음을 같이하는 말은,	: 두 사람이 마음을 함께하니,
그 **기** 냄새 **취** 같을 **여** 난초 **란**	그 **기** 이로울 **리** 끊을 **단** 쇠 **금**
其 臭 如 蘭	其 利 斷 金
그 향기가 난초와 같으니라.	: 그 이로움이 쇠도 자를 수 있고,

제6장

수신 편 II

사춘기 | - 후진

초등학교 6학년인 살살이 방에 들어갔다.

살살이: (귀찮다는 얼굴로) 왜 들어왔어?

석복이: (별생각 없이) 응!

　　　아빠 딸 얼굴 보고

　　　건강하고

　　　지혜롭게

　　　자존감 높은 딸로 자라라는 마음으로 들어왔지.

살살이: 그래!

　　　그럼, 바로 후진해서 나가면 그렇게 될 거야.

사춘기 || - 길거리 캐스팅

학원을 마치고 집으로 오다 앞에서 다가오는 아저씨와 눈이 마주친 살살이.

아저씨: 학생!

삼겹살집 오픈을 했는데 오늘부터 1주일 안에 오면 소주 한 병이 공짜이니 부모님이랑 함께 오세요.

하면서 가게 이름이 적힌 명함을 주었다. 그런데 살살이는 이 홍보 멘트를 이렇게 착각해서 들었다.

아저씨: 학생! 몇 학년이야?

아저씨는 하이틴 패션 잡지 PD인데 얼굴도 맑고, 키도 크고 카메라 핏이 좋을 거 같아요. 부모님과 함께 전화하고 사무실로 놀러 오세요.

살살이: (심장이 뛰며) 어머! 이제 나 길거리 캐스팅된 거야?

어머! 어떻게 해.

어머! 어떻게 해.

팔짝팔짝 뛰며 집에 들어온 살살이는 명함을 보는 순간 괴성을 질렀다.

살살이: 으~~~악, 이게 뭐야!

　　　삼겹살집 명함이잖아.

석복이: (배꼽 잡고 웃으며)

　　　ㅋ ㅋ ㅋ

　　　아이고, 웃겨라!

아직도 살살이는 잊지 못할 길거리 캐스팅 삼겹살집 명함을 간직하고 있다.

사춘기 ‖‖ - 그대로 뒤돌아 나가세요?

오늘따라 말이 없는 살살이. 똑! 똑! 똑! 살살이 방문을 노크하고 들어갔다.

살살이: (들어오는 나를 보며) 석복!

　　　그대로 뒤돌아 나가면 될 것 같은데.

석복이: (나는 아무 말 없이 문을 닫고 나올 수밖에 없었다)

　　　ㅠ ㅠ ㅠ

사춘기 IV - 여기가 동물원도 아니고!

살살이 방에 들어가 침대에 앉을 때면 자기를 귀찮게 한다며 나가라고 한다. 그래서 가끔은 방에 들어가지 않고 문 앞에 서서 책상 앞에 앉아 있는 살살이를 웃으며 바라본다.

살살이: 석복!

　　　　또 왜 그러고 서 있어?

석복이: (살살 웃으며) 아니, 살살이가 방에 들어오지 못하게 하니

　　　　지나가는 길에 구경하는 거야.

살살이: 뭘, 구경해! 구경은!

　　　　가던 길 얼른 지나가서.

석복이: (퉁명스럽게) 뭐~~~어

　　　　문 앞이고, 방에 안 들어갔잖아.

살살이: (말없이 자리에서 일어나 조용히 문을 닫으며 하는 말)

　　　　만 원씩 내고 구경해.

　　　　여기가 뭐 동물원도 아니고!

석복이: (황당한 표정으로) ㅋㅋㅋ

사춘기 V – 그렇게 눈치가 없어서!

침대에 누워 쉬고 있는 살살이의 기분이 안 좋아 보인다.

석복이: (기분 풀어 주려고 일부러 방에 들어가 떠든다)

　　　살살아!

　　　오늘 잘 놀았어?

　　　석복이 안 보고 싶었고?

　　　학원에서 뭐 배웠어?

　　　저녁 먹어야지!

　　　뭐 먹을까?

하며 살살이 기분은 아랑곳하지 않고 혼자서 쫑알쫑알 떠들었다. 조금 우울한 얼굴로 아무 말 없이 들으며 나를 바라보던 살살이.

살살이: (재미없다는 표정으로) 석복!

　　　그렇게 눈치가 없어서 밖에 나가 밥은 얻어먹고 다니서?

석복이: 뜨악!

사춘기 VI - 닫히는 방문

집에 들어와 보니 살살이가 친구들이랑 수영장에 갔다 와서 쉬고 있다.

석복이: 살살아!

　　　　재미있게 놀다 왔어?

살살이: 응!

석복이: 석복이 많이 보고 싶었어, 안 보고 싶었어?

살살이: (마지못해) 아이고!

　　　　보고 싶어 죽는 줄 알았지.

석복이: 정말!

살살이: (좀 짜증 섞인 말투로) 아! 그렇다니까.

　　　　(그러면서 살살이 방문이 소리 없이 닫힌다)

　　　　스르르 꽝!

석복이: (뻘쭘해하는 석복이) . . .

사춘기!

 부모 말에 순응하며 잘 성장하던 아이가 어느 날 갑자기 돌변을 한다. 깜짝 놀라 당황하다 결국 부모는 충돌을 하고, 급기야 부부싸움으로 이어져 집안 분위기는 사춘기 자녀에게 딱 맞게 조성된다. 내 아이에게 변화가 왔을 때, 그때부터 부모는 인내의 시간이 필요하다.

 우탕이와 살살이 눈치도 보아야 했다. 태도가 어쩌니, 인성에 문제가 있다느니 하는 필요 이상의 과민반응을 보여서는 안 된다. 최소한의 잔소리 외에는 약간의 거리를 두며 기다려야 한다. 그러면서 편안한 집안의 공기를 만들어 주려는 노력과 함께 아이만의 시간과 공간을 온전히 내주어야 한다. 조금씩 다가가기도 하고 도망쳐 나오기도 하다 보면, 어느 날 문득 나에게 다가오고 있는 것을 볼 수가 있었다. 그러다 다시 도망가고, 그러다가 다시 다가오기를 반복한다. 이럴 때마다 소리 없는 밀당을 하며 알면서도 모른 척 관심 없는 듯한 행동으로 이들을 기다려 주어야 했다. 그래서 부모 된다는 것이 어려운가 보다. 기다림의 끝은 무사히 제자리로 돌아왔다는 것이었다.

長者之前엔 進退必恭하라

幼者敬長하며 長者慈幼하고

(해설)

어른 **장** 어조사 **자** 어조사 **지** 앞 **전**	어른 **장** 어조사 **자** 사랑할 **자** 어릴 **유**
長 者 之 前	長 者 慈 幼
: 어른의 앞에서는,	: 어른은 어린이를 사랑하고,
나아갈 **진** 물러날 **퇴** 반드시 **필** 공손할 **공**	어릴 **유** 어조사 **자** 공경할 **경** 어른 **장**
進 退 必 恭	幼 者 敬 長
: 나아가고 물러나기를 반드시 공손히 하라.	: 어린이는 어른을 공경하며,

술병 닫아!

꾸꾸가 소주 한잔을 하고 있는데 우탕이가 왔다 갔다 하니 한마디 한다.

꾸　꾸: 아들!

　　　집에 있으니 살이 더 찐 거 같아.

　　　교복이 맞을지 모르겠다.

우탕이: 바지가 안 맞을지도 몰라요.

꾸　꾸: 그럼 안 되지.

　　　한번 입어 보자.

190에 90킬로 나가는 우탕이가 교복을 입으니 핏이 산다.

꾸　꾸: 아이고, 잘생긴 우리 아들!

　　　엄마는 너 때문에 요즘 행복하단다.

　　　다음 생에 또 엄마 아들로 올 거지?

석복이: (키득키득 웃으며) ㅋ ㅋ ㅋ

　　　우탕아!

　　　그러지 마!

　　　다른 엄마들도 많다.

그러자 옆방에서 듣고 있던 살살이에게서 전화가 온다.

살살이: (장난꾸러기 목소리로) 석복!

　　　　꾸꾸 술 많이 먹었어.

석복이: 몰라, 왜!

살살이: 석복!

　　　　술병 닫아서 냉장고에 빨리 넣어.

석복이: (신 난 목소리로) 알았어, 살살아!

이야기를 다 듣고 있던 꾸꾸.

꾸　꾸: (어이없다는 표정으로) 살살아!

　　　　너~~~

엄마를 엄마라 부르지 못하는 살살이!

밤늦은 시간에 게임을 하고 있는 우탕이에게 꾸꾸가 한마디 한다.

꾸 꾸: 아들아!

　　　너 지금 몇 시간 동안 게임하고 있는지 알아?

우탕이: (툴툴거리며) 어머니!

　　　오늘 공부할 거 다 했어요.

꾸 꾸: (조금 큰 목소리로) 시끄러워!

　　　그럼 빨리 자야 내일 온라인 수업하는 데 지장이 없지.

　　　그렇게 게임만 하고 있으면 돼?

　　　앞으로 엄마라고 부르지도 마!

다음 날, 꾸꾸는 약속이 있고 우탕이는 도서관에 갔다. 살살이와 둘이 저녁을 먹으며 전날에 있었던 사건에 대하여 이야기를 하였다.

살살이: 석복!

　　　나 오늘 홍길순 됐어.

석복이: 그게 무슨 말이야!

살살이: 어젯밤에 꾸꾸가 오빠한테 엄마라고 부르지 마라 했잖아.

석복이: 그랬지!

살살이: (근심 있는 척하며) 아침에 일어났는데 엄마라고 불러야 할지, 어떻게 해야

할지 고민되었어. '언니'라고 부르기에는 나이 차이가 너무 많고, '아줌마'라

고 부르기에는, 또 너무 인정머리가 없어 보이고. 고민 고민하다가 다른 때

는 엄마하고 먼저 부르며 말을 했는데, 오늘은 그냥 안 부르고 묻는 말에 대

답만 했어. 난 홍길동 동생 홍길순이 된 거야.

석복이가 그랬잖아!

부모님 말씀은 콩으로 메주를 쒀도 잘 들어야 한다고.

석복이, 살살이: (눈이 마주치며) ㅋ ㅋ ㅋ

우리는 음식이 튀어나올 정도로 웃으며 밥을 먹었다. 그다음 날 아침 일어났는데
꾸꾸가 우탕이에게 말을 한다.

꾸　꾸: (반색을 하며) 아이고!

우리 아들 일어났구나. 엄마가 사과 깎아 줄까?

우탕이: (밝은 표정으로) 안 먹어요!

그 소리를 듣고 살살이가 나에게 와서 하는 말.

살살이: 참! 신기한 엄마와 아들 사이야!

석복이: (우리는 꾸꾸 눈치 볼 것 없이 한참을 깔깔깔 대며 웃었다)

　　　· · ·

남영, 영은아!

논어에 사물잠四勿箴이라는 말이 있다. 살아가며 하지 말아야 할 네 가지 경계를 이르는 말이다. "예가 아니면 보지 말고, 예가 아니면 듣지 말며, 예가 아니면 말하지 말고, 예가 아니면 행하지 말라"는 내용이다. 학생 때에는 이 말대로 학교생활을 하고, 어른이 되어 사회에 나가면 다음과 같이 해석하여 새겨 두면 좋을 듯하다.

내가 예가 아닌 것을 보아도, 나는 보았어도 보이지 않고,
내가 예가 아닌 것을 들어도, 나는 들었어도 들리지 않으며,
남이 예가 아닌 것을 말해도, 나는 예가 아닌 것을 말하지 않고,
남이 예가 아닌 것을 행동하더라도, 나는 예가 아닌 것에 행동하지 않으리라.

너희들은 앞으로 많은 것을 경험하며 살아갈 거란다. 그 안에는 좋은 일도 있겠지만, 그렇지 않을 경우도 있을 것이니 마음의 중심을 잘 잡아 원인행위가 될 수 있는 생각과 말과 행동을 늘 삼가며 경계하기 바란다. 뱀은 흙탕물에 들어갔다 나와도 더러운 것을 묻히지 않으며, 연꽃은 진흙 속에서 피어나도 그 향기를 잃지 않듯이.

非　非　　　　非　非
禮　禮　　　　禮　禮
勿　勿　　　　勿　勿
動　言　　　　聽　視

이　　하　　　　하　　하
니　　고　　　　며　　고
라

(해설)

아닐 **비** 예절 **례** 말 **물** 말씀 **언**	아닐 **비** 예절 **례** 말 **물** 볼 **시**
非 禮 勿 言	非 禮 勿 視
: 예가 아니면 말하지 말고,	: 예가 아니면 보지 말고,
아닐 **비** 예법 **례** 말 **물** 움직일 **동**	아닐 **비** 예절 **례** 말 **물** 들을 **청**
非 禮 勿 動	非 禮 勿 聽
: 예가 아니면 행동하지 말지니라.	: 예가 아니면 듣지 말며.

지금 해야 할 일을 아는 살살이!

초가을 일요일 오후, 낮잠을 자려고 침대에 누워 있는 석복이.

살살이: (장난 섞인 얼굴로)

석복!

좋아 보이네?

낮잠도 자고.

석복이: 아이! 또,

왜! 귀찮게 하는 거야?

살살이: 석복!

이제, 알겠지?

그동안 귀찮았을 나의 마음을.

석복이: 그래, 알았어!

미안했어.

너무 졸리니까 한숨 자고 이야기하자.

살살이: (단호한 어조와 함께 이불을 걷어 내며)

안 돼!

일어나.

석복이가 그랬잖아.

석복이: (조금 퉁명스러운 말투로)

　　　뭐라고 했는데?

살살이: 사람은 아침에 할 일이 있고 저녁에 할 일이 있다고.

　　　지금이 저녁이야?

　　　벌써 주무시게.

　　　빨리 일어나!

　　　자고 나면 이따가 잠 안 온다고 낑낑대면서 나 귀찮게 할 거잖아.

석복이: (잠이 확 깨며) ㅋㅋㅋ

　　　야!

　　　살살이, 너!

　　　에~~~휴.

　　　말을 말자, 말을 말어!

　　　두고 보자, 살살이!

　　　다시 보자, 살살이!

그렇게 나는 부아가 치미는 것을 꾹 참고 오후 낮잠을 포기해야만 하였다.

物有本末하고 事有終始하니
知所先後라면 則近道矣

(해설)

알 **지** 바 **소** 먼저 **선** 뒤 **후** **知 所 先 後** : 먼저 할 바와 뒤에 할 바를 알면,	사물 **물** 있을 **유** 근본 **본** 끝 **말** **物 有 本 末** : 사물에는 근본과 말단이 있고,
곧 **즉** 가까울 **근** 길 **도** 어조사 **의** **則 近 道 矣** : 곧 도에 가까우니라.	일 **사** 있을 **유** 마칠 **종** 비로소 **시** **事 有 終 始** : 일에는 시작과 끝이 있으니,

계약기간 없는 집

점심을 먹고 있는데 살살이가 이야기를 한다.

살살이: 석복!

　　　나 서울에 있는 대학교에 들어가면 그곳에다 아파트 하나 사 줘.

석복이와 꾸꾸: (어이없는 표정으로) 허얼~~~

　　　　　　ㅋ ㅋ ㅋ

석복이: 웬 집!

　　　그냥 서울로 학교 가지 말고, 집에서 가까운 대학교 들어가 석복이랑 같이

　　　살자.

살살이: 아니!

　　　싫어.

　　　서울에 있는 대학교 들어갈 거야.

　　　그곳에서 혼자 사는 것도 재미있을 것 같아.

석복이: (힘없는 목소리로) 알았어!

　　　돈 많이 벌어 우탕이와 살살이가 서울에서 학교 다닐 때 살 집을

　　　사 놓을게.

살살이: (똘똘한 얼굴로) 원룸 말고,

　　　이사 다니는 것도 힘들고 그러니 계약기간 없는 집으로.

알았지?

석복이: (황당한 표정에)

계약기간 없는 집을.

으~~~악

딸의 이야기를 들으며 2020년 참 열심히 살아야겠다는 생각과 함께 슬픈 마음이 드는 이유는 살살이가 서서히 부모 곁을 떠나려는 당연한 생각을 하고 있기 때문이다.

우탕아, 살살아!

때가 되면 너희들 할 일을 찾아 떠나가야 하는 것은 당연한 일이요, 오고 가는 시간 속에 결국 모든 것은 헤어지고 멸하게 되는 것이 우주의 섭리이다. 세상일은 그렇게 바른 길로 돌아가는 것이거늘. 그 흐름을 좇아가는 나이가 서서히 돌아온다고 생각하니 서글프기만 하다. 태어나서 20여 년의 시간이 지나면 부모 품을 벗어나 너희들 삶을 살아가야 하는 순리를 어찌할 수 있겠느냐. 주어진 짧은 시간 앞에 사랑을 많이 주는 것밖에 내가 해 줄 수 있는 게 없구나.

윗동네의 계약기간 없는 집 가격을 생각하면 웃음이 나오지만, 2026년 정도면 오빠가 군대 제대 후 복학할 때쯤이고 네가 대학 입학할 시기이니 너희들을 위해 그때까지 준비해 놓도록 하마.

휴~~~우.

ㅠㅠㅠ

生者必滅하며　事必歸正이니라　　會者定離요　去者必返하고

(해설)

날 **생** 사람 **자** 반드시 **필** 멸할 **멸**	모일 **회** 사람 **자** 정할 **정** 헤어질 **리**
生 者 必 滅	**會 者 定 離**
: 살아 있는 것은 반드시 멸하며,	: 만나는 사람은 반드시 헤어지게 되는 것이요,
일 **사** 반드시 **필** 돌아갈 **귀** 바를 **정**	갈 **거** 사람 **자** 반드시 **필** 돌아올 **반**
事 必 歸 正	**去 者 必 返**
: 일은 반드시 바른 길로 돌아가는 것이니라.	: 떠난 사람은 반드시 돌아오는 것이고,

우탕이의 18시간

　우탕이가 중학교 3학년 여름방학을 하여 기숙사에서 집으로 돌아왔다. 집 떠나 생활한 지 어느덧 2년 6개월이라는 시간이 지나 훌쩍 커 버린 모습을 보며 고맙기도 하고 안쓰럽기도 하다. 멀리 떨어져 공부하는 자식을 근심하고 걱정하는 마음이 더 애틋해지는 것은 하늘이 맺어 준 천륜이기에 그러한가 보다. 도서관과 집에서 공부하며 일상을 보내던 어느 금요일 저녁에 밥을 먹으며 우탕이와 이야기를 한다.

우탕이: 아버지!

　　　　저 오늘은 10시에 자고, 새벽 4시에 일어나요.

석복이: (의아한 표정으로)

　　　　새벽 4시에.

　　　　왜?

　　　　어디 가냐?

우탕이: (웃음을 지으며) ㅋ ㅋ ㅋ

　　　　아니, 그게 아니라요.

　　　　하루 18시간 동안 공부만 해 보려고요.

　　　　제 자신을 시험해 보고도 싶고, 그 시간을 채우면 10시간 공부하는 것은 쉬울 것 같아요.

　　　　2학기 준비도 하고.

석복이: (차분한 말투로) 18시간이라.

네가 하고 싶으면 해야지.

그래! 그것도 좋은 생각이고,

너에게 앞으로 큰 도움이 되는 시간이 되겠구나.

아버지도 대학 다닐 때 10시간 이상 공부했던 기억이 있지만, 18시간은 못

해 봤는데.

그러면 우리는 뭘 해 줘야 하나?

우탕이: (의연하게) 아무것도 없어요.

어머니!

내일 아침, 점심, 저녁 밥 시간 말씀드리면 간단히 차려 주세요.

꾸　꾸: (자식이 공부를 한다니 좋아하며) 하이고!

우리 아들이 먹고 싶은 거 바로 준비해 줄게.

석복이: 공부는 어디에서 하려고?

우탕이: 시간 절약도 하고 집에서 할 생각입니다.

석복이: 알았다, 아들아!

우탕이는 그다음 날 새벽 4시에 일어나 공부를 시작하였다. 아침 8시 30분까지 4시간을 공부하고, 오전 3시간, 오후 5시간, 저녁에 6시간을 하여 정확히 스톱워치에 찍힌 시간은 18시간. 시간은 밤 한 시를 넘어서고 있었다.

아들아!

 네가 오늘 한 18시간의 경험은 2학기 때, 그리고 먼 훗날 어떤 결과로든지 답이 있으리라 믿는다. 그것이 세상의 이치이다. 쉽지 않은 행동에 박수를 보내며 여기가 끝이 아닌 새로운 시작이니 먼 길, 멀리 보고 그렇게 가기를 바란다. 농부는 굶어 죽어도 씨앗을 베고 죽는다는 말이 있다. 오늘 해야 할 일을 내일로 미루지 말고, 사람을 위한 공부이나 너를 위한 공부가 먼저인 만큼 네가 품은 뜻을 정성스럽게 하여 성장하기를 기도한다. 지금도 그렇고, 대학에 가서 공부할 때도 아비가 말해 주는 네 가지 당부를 잊지 말고, 이 의미를 온전히 실천하는 순간 너는 학생으로서 그 본분을 다할 것이다.

 첫 번째, 생활을 단순화시켜라.

 두 번째, 외롭게 공부하여라.

 세 번째, 네가 품은 뜻에 절박함으로 간절해져라.

 네 번째, 지속적으로, 꾸준하게, 그리고 반복하며

　　　　한 페이지, 한 문장, 한 단어에 정성을 다하여라.

 멋지다, 아들아!

持己秋霜하고 對人春風하라

生魚逆水하고 死魚流水니라

(해설)

가질 지 몸 기 가을 추 서리 상	날 생 물고기 어 거스릴 역 물 수
持 己 秋 霜	生 魚 逆 水
: 자신에게는 가을의 서리처럼 엄하고,	: 살아 있는 물고기는 물을 거슬러 올라가고,
대할 대 사람 인 봄 춘 바람 풍	죽을 사 물고기 어 흐를 유 물 수
對 人 春 風	死 魚 流 水
남에게는 봄바람처럼 부드럽게 하라.	: 죽은 물고기는 물에 흘러가느니라.

爲人之學이나
爲己之學이니
格物致知하고
誠意正心하라

(해설)

바로잡을 **격** 만물 **물** 이를 **치** 알 **지** **格 物 致 知** : 사물의 이치를 궁구하여 지혜에 이르고,	위할 **위** 남 **인** 어조사 **지** 배울 **학** **爲 人 之 學** : 남을 위한 배움이나,
정성 **성** 뜻 **의** 바를 **정** 마음 **심** **誠 意 正 心** : 뜻을 정성스럽게 하여 마음을 바로 하라.	위할 **위** 몸 **기** 어조사 **지** 배울 **학** **爲 己 之 學** : 자기를 위한 배움이 먼저이니,

執 子　　　流 灌
敢 帥　　　下 頭
不 以　　　足 之
正 正　　　底 水
　이　　이　　　니　　는
　리　　면
　오

(해설)

아들 **자** 거느릴 **솔** 써 **이** 바를 **정**	물댈 **관** 머리 **두** 어조사 **지** 물 **수**
子 帥 以 正	灌 頭 之 水
: 그대가 바른 것으로 거느리면,	: 머리에 부은 물은,
누구 **숙** 감히 **감** 아니 **부** 바를 **정**	흐를 **유** 아래 **하** 발족 **족** 밑 **저**
執 敢 不 正	流 下 足 底
: 누가 감히 바르지 않으리오.	: 발 아래로 흘러내리니,

更無時節이니라 卽時現今이며 反求諸己하고 行有不得이면

(해설)

곧 즉 時 나타날 현 이제 금	행할 행 있을 유 아니 부 얻을 득
卽 時 現 今	行 有 不 得
: 바로 지금이며,	: 행함이 있어 얻지 못하면,
다시 **갱** 없을 무 때 **시** 마디 절	돌이킬 **반** 구할 **구** 모두 **제** 몸 기
更 無 時 節	反 求 諸 己
: 다시 시절은 없느니라.	: 돌이켜 모든 것을 자신에게서 찾아야 하고,

나에게는 겨울 방학이 있다

살살이의 중학교 1학년 여름방학이 끝나 가고 있다.

석복이: 살살아!

　　　다음 주면 개학이네.

　　　우리 살살이 좋은 시절 다 보냈다.

살살이: (살살 웃으며) 석복!

　　　괜찮아.

　　　나에게는 겨울방학이 또 있잖아.

석복이: 캬아~~~

人 難 　 欲 先
無 成 　 知 察
遠 大 　 未 已
慮 業 　 來 然
면 이 　 인 이
　 니 　 대 니
　 　 　 　 라

(해설)

하고자할 **욕** 알 **지** 아닐 **미** 올 **래** **欲 知 未 來** : 미래를 알고자 할진대,	사람 **인** 없을 **무** 멀 **원** 생각할 **려** **人 無 遠 慮** : 사람이 멀리 생각하지 않으면,
먼저 **선** 살필 **찰** 이미 **이** 그러할 **연** **先 察 已 然** : 먼저 지나간 일을 살필지니라.	어려울 **난** 이룰 **성** 큰 **대** 일 **업** **難 成 大 業** : 큰일을 이루기가 어려운 것이니,

先知後行 이나

行之惟難 이며

非知之艱 이나

知輕重行 하라

(해설)

먼저 **선** 알 **지** 뒤 **후** 행할 **행**	아닐 **비** 알 **지** 어조사 **지** 어려울 **간**
先 知 後 行	**非 知 之 艱**
: 아는 것이 먼저이고 행하는 것이 뒤이나,	: 아는 것이 어려운 것이 아니라,
알 **지** 가벼울 **경** 무거울 **중** 행할 **행**	행할 **행** 어조사 **지** 생각할 **유** 어려울 **난**
知 輕 重 行	**行 之 惟 難**
: 아는 것을 가벼이 하고, 행하는 것을 무겁게 하라.	: 행하는 것이 어려운 것이며,

不勝則止 하라　見勝則起 하고　　以時興事 하며　以備待時 하고

(해설)

볼견 이길승 곧즉 일어날기	써이 갖출비 기다릴대 때시
見 勝 則 起	**以 備 待 時**
: 승산이 보이면 싸우고,	: 준비함으로써 때를 기다리고,
아니불 이길승 곧즉 그칠지	써이 때시 일어날흥 일사
不 勝 則 止	**以 時 興 事**
: 승산이 없으면 기다려라.	: 때가 되었을 때 일을 성사시키며,

不 不　　遇 逢
得 入　　水 山
虎 虎　　架 開
子 穴　　橋 道

니 이　　하 하
라 면　　라 고

(해설)

아니 **불** 들 **입** 범 **호** 구멍 **혈** **不 入 虎 穴** : 호랑이 굴에 들어가지 않으면,	만날 **봉** 뫼 **산** 열 **개** 길 **도** **逢 山 開 道** : 산을 만나면 길을 내고,
아니 **부** 얻을 **득** 범 **호** 아들 **자** **不 得 虎 子** : 호랑이 새끼를 잡을 수 없느니라.	만날 **우** 물 **수** 시렁 **가** 다리 **교** **遇 水 架 橋** : 물을 만나면 다리를 놓아라.

당초 중국 말은 어려워!

추석 선물로 후배가 천복 명차라는 중국 보이차를 보내왔다. 살살이가 신기한 듯 이리 보고 저리 보더니 제조일이 2017년 3월인데 유통기한이 없다고 한다.

석복이: 살살아!

　　　학교에서 중국어를 선택하여 공부하더니 쫌 아네!

살살이: (우쭐대며) 내가 쫌 하긴 하지.

그러면서 번역기에 중국어를 한 자, 한 자 찾아보는 살살이.

석복이: 살살아!

　　　뭘 그렇게 열심히 해?

살살이: (근심 가득한 얼굴로) 아니!

　　　이게 어떤 내용의 차인지 알아보려고 하는데 이놈의 중국 말은 당최 읽기

　　　가 어렵단 말이야!

석복이: (웃음 지으며) 당최 읽기가 어려워!

　　　ㅋㅋㅋ

始於足下니라　千里之行도　行遠自邇하니　登高自卑하고

(해설)

일천 **천** 마을 **리** 어조사 **지** 갈 **행** **千 里 之 行** : 천리 길도,	오를 **등** 높을 **고** 스스로 **자** 낮을 **비** **登 高 自 卑** : 높이 오르려면 낮은 곳에서 시작하고,
비로소 **시** 어조사 **어** 발 **족** 아래 **하** **始 於 足 下** : 한 걸음부터 이니라.	갈 **행** 멀 **원** 스스로 **자** 가까울 **이** **行 遠 自 邇** : 멀리 가려면 가까운 곳에서 시작해야 하니,

纔食一匙 不救腹飢 라 에

半九十里 行百里者 니 는

(해설)

겨우 재 밥 식 한 일 숟가락 시

纔 食 一 匙

: 첫 술에,

아니 불 구원할 구 배 복 주릴 기

不 救 腹 飢

: 배 부르랴.

갈 행 일백 백 마을 리 사람 자

行 百 里 者

: 백리 길을 가는 사람은,

반 반 아홉 구 열 십 마을 리

半 九 十 里

: 구십 리를 반으로 여기느니,

하늘이 알아줄 살살이의 12시간

살살이의 1학년 1학기 기말고사가 2주 정도 남은 금요일 저녁. 살살이가 나에게 이야기를 한다.

살살이: (신난 얼굴로) 석복!

　　　기말고사가 얼마 안 남았는데 내일은 12시간 공부를 해야겠어.

석복이: (조금 의아한 눈빛으로) 12시간!

　　　살살아! 너도 오빠 닮아 가니?

살살이: 아니~~~

　　　그동안 해 왔던 내용들을 전 과목별로 한 번 정리하며 암기할 건 하고. 그런 후 남은 시간 동안 계속 반복하려고.

그러면서 핸드폰 앱에 공부했던 시간들을 그래프로 정리하여 보여 준다.

석복이: (자세를 바꾸며) 우리 살살이 너무 대단하다.

　　　그래! 그럼 네 생각대로 그렇게 해 보는 것도 좋겠다.

　　　대신에 시험 스트레스 안 받고 쉬어 가면서 해. 지금 몇 점, 몇 등이 중요한 건 아니고 살살이 스스로 공부해 가는 방법과 너에게 맞는 길을 찾아가는 게 더 중요하니까!

삶이란 종착역을 향해 출발하여 간이역을 거쳐 가는 기차와 같은 거란다. 너 또한 유년기, 10대, 20대를 거쳐 가듯이. 지금 너는 첫 번째 간이역을 지나 두 번째 역쯤에 있을 건데, 이번 역에서 안 되면 다음 역이 너를 기다리고 있음을 잊지 말아라. 어떤 역은 도착하는 데 시간이 많이 걸릴 수도 있고, 또 어떤 역은 금방 걸릴 수도 있으니 서두르지 말고 천천히 잘 가기를 바란다. 뜻대로 안 된다고 중간에서 내리는 오류를 범하지 말고.

알았지, 살살아!

살살이: (예쁜 표정으로) 응!

다음 날 살살이는 인터넷 강의도 듣고, 소리 내어 책을 읽기도 하며, 문제 풀이와 함께 암기를 한다. 그렇게 살살이는 오전, 오후, 밤 2시까지 무섭게 공부를 하였다. 스톱워치에 찍힌 시간은 12시간! 살살이가 그 시간을 채웠다는 것과 스스로 무엇인가를 찾아 행동한 것에 응원을 보내 주고 싶다. 시간이 흘러 공부를 제대로 해야 할 때가 오면 오늘 이 시간은 너에게 참으로 큰 힘이 되리라 확신한다.

우탕아, 살살아!

인약불기寅若不起면 일무소판日無所辦하고

춘약불경春若不耕이면 추무소망秋無所望하며

유이불학幼而不學이면 노무소지老無所知니라

새벽에 일어나지 않으면 그날에 힘써 일할 것이 없고,

봄에 밭을 갈지 않으면 가을에 바랄 것이 없으며,

젊어서 배우지 않으면 나이 들어 아는 것이 없느니라.

18시간과 12시간이라는 한계를 뛰어넘었으니 이제 두려울 것이 없겠구나. 남영이, 영은이에게 현재는 지금을 통하여 미래를 만들 수 있고, 수없이 많은 지금이 모여 꿈과 희망이 되는 순간이기에, 지금은 내적, 외적 자아가 잘 발현될 수 있도록 좋은 습관을 만드는 것이다. 공부 또한 자연스러운 습관이요, 일상이 되도록 습관화시키는 일이니, 그렇게 하면 10대 시절의 자양분이 되어 학교 공부, 친구, 선생님들과 관계에서 별 어려움 없이 생활하리라 본다. 사람이 공부를 하는 이유는, 결국 문제 해결을 잘하기 위해서다.

존재하는 모든 현상은 다 사랑이다. 그 사랑에는 쓰임대로 정성이 들어가야 하며, 그래야 온전한 사랑으로 재탄생된다. 정성 성誠! 이 한 글자를 알아가는 인생이 스스로에게 정성을 다하는 일임을 꼭 기억해라. 살아가는 매 순간 정성 아닌 것이 없으며, 3년여 동안 우리가 배운 공부는 으뜸으로 무엇에 정성을 다해야 하는지를 가르쳐 주고 있다. 엄마, 아빠와 함께하며 사자소학의 선한 영향력이 나타나고 있으니, 더 큰 사랑을 보고 정성을 다하여 행동하는 삶이기를 오늘도 기원한다.

위사재인爲事在人하고 성사재천成事在天하며
자천우지自天祐之하니 길무불리吉無不利니라.

일을 하는 것은 남영이, 영은이에게 있고,
일을 이루는 것은 하늘에 있으며,
하늘은 스스로 돕는 자를 도와주니,
남영이, 영은이에게 길하여 이롭지 않음이 없을 것이니라.

勤勉工夫 하면

父母悅之 시니라

夙興夜寐 하야

勿懶讀書 하며

(해설)

부지런할 **근** 힘쓸 **면** 장인 **공** 지아비 **부**	일찍 **숙** 일어날 **흥** 밤 **야** 잠잘 **매**
勤 勉 工 夫	夙 興 夜 寐
: 부지런히 힘써서 공부하면,	: 일찍 일어나서 밤에 잠잘 때까지,
아버지 **부** 어머니 **모** 기쁠 **열** 어조사 **지**	말 **물** 게으를 **나** 읽을 **독** 글 **서**
父 母 悅 之	勿 懶 讀 書
: 부모님이 기뻐하시니라.	: 책 읽기를 게을리 하지 말며,

秋　春
無　若
所　不
望　耕
　　
하　이
며　면

日　寅
無　若
所　不
辦　起
　　
하　면
고

(해설)

봄 춘　만약 약　아니 불　밭갈 경

春　若　不　耕

: 봄에 밭을 갈지 않으면,

셋째지지 인　만약 약　아니 불　일어날 기

寅　若　不　起

: 새벽에 일어나지 않으면,

가을 추　없을 무　바 소　바랄 망

秋　無　所　望

: 가을에 바랄 바가 없으며,

날 일　없을 무　바 소　힘쓸 판

日　無　所　辦

: 그날에 힘쓸 바가 없고,

幼而不學이면
老無所知니라
大福在天하고
小福在勤이니라

(해설)

큰 대	복 복	있을 재	하늘 천	어릴 유	말이을 이	아니 불	배울 학

大福在天   幼而不學

: 큰 복은 하늘에 있고,

: 어려서 배우지 않으면,

작을 소	복 복	있을 재	부지런할 근	늙을 노	없을 무	바 소	알 지

小福在勤   老無所知

: 작은 복은 근면함에 있느니라.

: 늙어서 아는 것이 없느니라.

立 隨　　仁 智
處 處　　者 者
皆 作　　樂 樂
眞 主　　山 水

하 하　　하 하
라 고　　니 고

(해설)

따를 수　곳 처　지을 작　주인 주	지혜 지　사람 자　좋아할 요　물 수
隨　處　作　主	智　者　樂　水
: 가는 곳마다 주인이 되고,	: 지혜로운 자는 물을 좋아하고,
설 입　곳 처　다 개　참 진	어질 인　사람 자　좋아할 요　뫼 산
立　處　皆　眞	仁　者　樂　山
: 서 있는 곳마다 다 참되게 하라.	: 어진 사람은 산을 좋아하니,

爲
事
在
人
하고

成
事
在
天
하며

自
天
祐
之
하니

吉
無
不
利
니라

(해설)

스스로 자 하늘 천 도울 우 어조사 지	할 위 일 사 있을 재 사람 인
自 天 祐 之	爲 事 在 人
: 하늘은 스스로 돕는 자를 도와주니,	: 일을 하는 것은 사람에게 있고,
길할 길 없을 무 아니 불 이로울 리	이룰 성 일 사 있을 재 하늘 천
吉 無 不 利	成 事 在 天
: 길하여 이롭지 않음이 없느니라.	: 일을 이루는 것은 하늘에 있으며,

千災雪消 하고

萬福雲興 하라

立春大吉 하고

建陽多慶 하며

(해설)

일천 천 재앙 재 눈 설 사라질 소	설 입 봄 춘 큰 대 길할 길
千 災 雪 消	立 春 大 吉
: 천 가지 재앙이 눈처럼 사라지고,	: 봄이 시작되니 크게 길하고,
일만 만 복 복 구름 운 일어날 흥	세울 건 볕 양 많을 다 경사 경
萬 福 雲 興	建 陽 多 慶
: 만 가지 복이 구름처럼 일어나라.	: 경사스러운 일이 많이 생기기를 기원하며,

四字小學

四字小學

四字小學

사자소학을 통한 자기주도 학습 연구소

사자소학(四字小學)

　사자 소학은 중국 송나라 때 주자(朱子: 1130~1200)가 제자 유자징으로 하여금 소학(小學)을 바탕으로 익히고 실천할 수 있게 넉자(四字)를 한 구(句)로 하여 편찬한 책입니다. 조선 시대부터 어린아이들을 대상으로 널리 읽혔으나, 편찬 시기와 저자가 정확하지 않으며 체계 또한 일정하지 않아 이본(異本)이 여러 종류로 나누어져 있습니다. 그러나 내용면에 있어서 오륜(五倫)을 근본으로 실천을 중시하는 점에서는 대체로 비슷하다 할 수 있습니다.

　현재를 빠르게 변화시키는 과학기술의 발달은 우리들의 삶을 편리하게 만들어 놓았습니다. 돈으로 움직여지는 세상은 인간의 맑고 선한 영역마저 지배하게 되었고 그 부작용은 청소년들의 인성에 영향을 주어 사회문제로 나타나고 있습니다.

비단 이러한 문제가 이들에게만 국한되어 있는 것이 아니기에 미래의 교육 전략은 인성과 물질의 조화를 이룰 수 있는 교육이 가정과 학교, 그리고 사회에서 함께 이루어져 갈 때 아이들은 행복하게 성장해 갈 수 있을 것입니다.

지금의 인성교육은 백년대계(百年大計)의 시작입니다. 21세기를 살아가는 지금, 사자소학은 결코 시대에 뒤 떨어져 있지 않고 앞으로 시대에 더욱 필요한 내용이니 바르게 익히고 실천하여 건강한 사회가 되어가는 밑거름이 되기를 기원합니다.

2022년 1월 10일
학성강당 이사장,
20대 국회의원 청곡 김종회 拜

乳 腹
以 以
哺 懷
我 我

로 하
다 시
　 고

母 父
鞠 生
我 我
身 身

이 하
로 시
다 고

(해설)

배복 써이 품을회 나아	아버지부 날생 나아 몸신
腹 以 懷 我	父 生 我 身
: 배로써 나를 품어 주시고,	: 아버지는 내 몸을 낳으시고,
젖유 써이 먹일포 나아	어머니모 기를국 나아 몸신
乳 以 哺 我	母 鞠 我 身
: 젖으로써 나를 먹여 주셨도다.	: 어머니는 내 몸을 기르셨도다.

恩高如天 하시고
德厚似地 하시니

以衣溫我 하시고
以食飽我 로다

(해설)

은혜 **은** 높을 **고** 같을 **여** 하늘 **천** **恩 高 如 天** : 은혜 높기가 하늘 같으시고,	써 **이** 옷 **의** 따뜻할 **온** 나 **아** **以 衣 溫 我** : 옷으로써 나를 따뜻하게 하시고,
덕 **덕** 두터울 **후** 같을 **사** 땅 **지** **德 厚 似 地** : 덕 두텁기가 땅 같으시니,	써 **이** 밥 **식** 배부를 **포** 나 **아** **以 食 飽 我** : 밥으로써 나를 배부르게 하셨도다.

<table>
<tr><td>

昊　欲
天　報
罔　其
極　德
　　
이　인
로　댄
다

</td><td>

曷　爲
不　人
爲　子
孝　者
　　ㅣ
리
요

</td></tr>
</table>

(해설)

하고자할 욕　갚을 보　그 기　덕 덕	될 위　사람 인　아들 자　놈 자
欲　報　其　德	爲　人　子　者
: 그 덕을 갚고자 할진대,	: 사람의 자식 된 자가,
하늘 호　하늘 천　없을 망　다할 극	어찌 갈　아니 불　할 위　효도 효
昊　天　罔　極	曷　不　爲　孝
: 하늘처럼 다함이 없도다.	: 어찌 효도를 다하지 않으리요.

晨 必 盥 昏 冬
必 漱 定 溫
先 晨 夏
起 省 凊

하야 하고 하야 하라

(해설)

어두울 **혼** 정할 **정** 새벽 **신** 살필 **성**	새벽 **신** 반드시 **필** 먼저 **선** 일어날 **기**
昏 定 晨 省	**晨 必 先 起**
:저녁에는 잠자리를 정해 드리고 새벽에는 살피며,	: 새벽에는 반드시 먼저 일어나,
겨울 **동** 따뜻할 **온** 여름 **하** 서늘할 **청**	반드시 **필** 씻을 **관** 반드시 **필** 양치질할 **수**
冬 溫 夏 凊	**必 盥 必 漱**
: 겨울에는 따뜻하게 하고 여름에는 서늘하게 해 드려라.	: 반드시 세수하고 반드시 양치질하고,

父 唯
母 而
呼 趨
我 進
어시든 하고

父 勿
母 逆
使 勿
我 怠
어시든 하라

(해설)

아버지 **부** 어머니 **모** 부릴 **사** 나 **아**	아버지 **부** 어머니 **모** 부를 **호** 나 **아**
父 母 使 我	父 母 呼 我
: 부모님이 나에게 일을 시키시거든	: 부모님이 나를 부르시거든,
말 **물** 거스를 **역** 말 **물** 게으를 **태**	대답할 **유** 말이을 **이** 달릴 **추** 나아갈 **진**
勿 逆 勿 怠	唯 而 趨 進
: 거역하지 말고 게을리 하지 말라.	: 대답하며 달려 나아 가고,

父母有命이어시든

俯首敬聽하고

坐命坐聽하며

立命立聽하라

(해설)

앉을 **좌** 명할 **명** 앉을 **좌** 들을 **청**	아버지 **부** 어머니 **모** 있을 **유** 명할 **명**
坐 命 坐 聽	父 母 有 命
: 앉아서 명하시면 앉아서 들으며,	: 부모님께서 명하시는 것이 있으시거든,
설 **입** 명할 **명** 설 **입** 들을 **청**	숙일 **부** 머리 **수** 공경할 **경** 들을 **청**
立 命 立 聽	俯 首 敬 聽
: 서서 명하시면 서서 들어라.	: 머리 숙여 공경히 듣고,

사자소학 원문 **243**

父母出入이어시든
每必起立하고
父母衣服을
勿踰勿踐하라

(해설)

아버지 **부** 어머니 **모** 옷 **의** 옷 **복**	아버지 **부** 어머니 **모** 나갈 **출** 들 **입**
父 母 衣 服	父 母 出 入
: 부모님의 의복을,	: 부모님께서 출입 하시거든,
말 **물** 넘을 **유** 말 **물** 밝을 **천**	매양 **매** 반드시 **필** 일어날 **기** 설 **립**
勿 踰 勿 踐	每 必 起 立
: 넘지 말고 밟지 말라.	: 언제나 반드시 일어나 서고,

思得良饌하라　對案不食이어시든　憂而謀瘳하고　父母有病이어시든

대할 **대**　밥상 **안**　아니 **불**　먹을 **식**	아버지 **부**　어머니 **모**　있을 **유**　병 **병**
對　案　不　食	父　母　有　病
: 밥상을 대하시고도 　드시지 않으시거든 ,	: 부모님께서　병환이 있으시거든,
생각할 **사**　얻을 **득**　좋을 **양**　음식 **찬**	근심할 **우**　말이을 **이**　꾀할 **모**　병나을 **추**
思　得　良　饌	憂　而　謀　瘳
: 좋은 음식 얻을 것을 생각하라.	: 근심하고 병 낫기를 꾀하고,

遊必有方 하라

愼勿遠遊 하고

返必面之 하며

出必告之 하고

(해설)

삼갈 **신** 말 **물** 멀 **원** 놀 **유**

愼 勿 遠 遊

: 삼가히 멀리 가서 놀지 말고,

놀 **유** 반드시 **필** 있을 **유** 방위 **방**

遊 必 有 方

: 놂에 반드시 장소가 있게 하라.

나갈 **출** 반드시 **필** 알릴 **고** 어조사 **지**

出 必 告 之

: 나갈 때는 반드시 알리고,

돌아올 **반** 반드시 **필** 뵐 **면** 어조사 **지**

返 必 面 之

: 돌아와서는 반드시 뵈며,

出入門戶어든
開閉必恭하고

勿立門中하며
勿坐房中하라

(해설)

나갈**출** 들**입** 문**문** 문**호**
出 入 門 戶
: 문을 출입하거든,

말**물** 설**립** 문**문** 가운데**중**
勿 立 門 中
: 문 가운데 서지 말며,

열**개** 닫을**폐** 반드시**필** 공손할**공**
開 閉 必 恭
: 열고 닫기를 반드시 공손히 하고,

말**물** 앉을**좌** 방**방** 가운데**중**
勿 坐 房 中
: 방 가운데 앉지 말라.

手勿雜戲 하라
口勿雜談 하고
坐勿倚身 하며
行勿慢步 하고

(해설)

입 **구** 말 **물** 어수선할 **잡** 말씀 **담** 口 勿 雜 談 : 입으로는 잡담을 하지 말고,	다닐 **행** 말 **물** 거만할 **만** 걸음 **보** 行 勿 慢 步 : 다님에 걸음을 거만히 하지 말고,
손 **수** 말 **물** 어수선할 **잡** 놀이 **희** 手 勿 雜 戲 : 손으로는 장난을 하지 말라.	앉을 **좌** 말 **물** 기댈 **의** 몸 **신** 坐 勿 倚 身 : 앉음에 몸을 기대지 말며,

248 사자 소가 되어 학으로 날다

膝　親　須　亦
前　面　勿　勿
勿　勿　放　高
坐　仰　笑　聲

_하　_하　_하　_하
_고　_며　_고　_라

(해설)

모름지기 **수** 말 **물** 클 **방** 웃을 **소**	무릎 **슬** 앞 **전** 말 **물** 앉을 **좌**
須 勿 放 笑	**膝 前 勿 坐**
: 모름지기 크게 웃지 말고,	: 부모님 무릎 앞에 앉지 말고,
또 **역** 말 **물** 높을 **고** 소리 **성**	어버이 **친** 얼굴 **면** 말 **물** 우러를 **앙**
亦 勿 高 聲	**親 面 勿 仰**
: 또한 높은 소리를 내지 말라.	: 부모님 얼굴을 똑바로 쳐다보지 말며,

侍坐父母 어든
勿怒責人 하고

侍坐親前 이어든
勿踞勿臥 하라

(해설)

모실 **시** 앉을 **좌** 어버이 **친** 앞 **전**

侍 坐 親 前

: 부모님을 앞에 모시고 앉거든,

말 **물** 걸터앉을 **거** 말 **물** 누울 **와**

勿 踞 勿 臥

: 걸터앉지 말고 눕지 말라.

모실 **시** 앉을 **좌** 아버지 **부** 어머니 **모**

侍 坐 父 母

: 부모님을 모시고 앉거든,

말 **물** 성낼 **노** 꾸짖을 **책** 남 **인**

勿 怒 責 人

: 화 내어 남을 꾸짖지 말고,

獻 跪
物 而
父 進
母 之

하 어
고 든

與 跪
我 而
飲 受
食 之

이 하
어 라
시
든

(해설)

드릴**헌** 물건**물** 아버지**부** 어머니**모**	줄여**여** 나**아** 마실**음** 밥**식**	
獻 物 父 母	**與 我 飲 食**	
: 부모님께 물건을 드리거든,	: 나에게 음식을 주시거든,	
꿇어앉을**궤** 말이을**이** 올린**진** 어조사**지**	꿇어앉을**궤** 말이을**이** 받을**수** 어조사**지**	
跪 而 進 之	**跪 而 受 之**	
: 꿇어 앉아 공손히 올리고,	: 꿇어 앉아 공손히 받아라.	

器 不
有 與
飲 勿
食 食

이 하
라 고
도

若 歸
得 獻
美 父
味 母

어 하
든 라

(해설)

만일**약** 얻을**특** 맛날**미** 맛**미**	그릇**기** 있을**유** 마실**음** 밥**식**
### 若 得 美 味	### 器 有 飲 食
: 만일 맛있는 음식을 얻었거든,	: 그릇에 음식이 있더라도,
돌아갈**귀** 드릴**헌** 아버지**부** 어머니**모**	아니**불** 줄**여** 말**물** 먹을**식**
### 歸 獻 父 母	### 不 與 勿 食
: 돌아가서 부모님께 드려라.	: 주시지 않으시면 먹지 말고,

與 飲　　　與 衣
之 食　　　之 服
必 雖　　　必 雖
食 厭　　　着 惡

（左）이나 / 하라　（右）이나 / 하고

(해설)

마실 **음** 밥 **식** 비록 **수** 싫어할 **염**	옷 **의** 옷 **복** 비록 **수** 나쁠 **악**
飲 食 雖 厭	衣 服 雖 惡
: 음식이 비록 싫으나,	: 의복이 비록 나쁘나,
줄 **여** 어조사 **지** 반드시 **필** 먹을 **식**	줄 **여** 어조사 **지** 반드시 **필** 입을 **착**
與 之 必 食	與 之 必 着
: 주시면 반드시 맛있게 먹어라.	: 주시면 반드시 고맙게 입고,

父母無衣 어시든
勿思我衣 하며

父母無食 이어시든
勿思我食 하라

(해설)

아버지 **부** 어머니 **모** 없을 **무** 옷 **의**
父 母 無 衣
: 부모님께서 입을 만한 옷이 없으시거든,
말 **물** 생각 **사** 나 **아** 옷 **의**
勿 思 我 衣
: 내가 입을 옷만을 생각하지 말며.

아버지 **부** 어머니 **모** 없을 **무** 먹을 **식**
父 母 無 食
: 부모님께서 드실 음식이 없으시거든,
말 **물** 생각 **사** 나 **아** 먹을 **식**
勿 思 我 食
: 내가 먹을 음식만을 생각하지 말라.

衣 勿　身 勿
服 失　體 毁
帶 勿　髮 勿
靴 裂　膚 傷

를 하　를 하
　 라　　 며

(해설)

옷의 옷복 띠대 신화	몸신 몸체 터럭발 살갗부
衣 服 帶 靴	身 體 髮 膚
: 옷과 허리띠와 신발을,	: 몸과 머리털과 피부를,
말물 잃을실 말물 찢을열	말물 훼손할훼 말물 상할상
勿 失 勿 裂	勿 毁 勿 傷
: 잃어 버리지 말고 찢지 말라.	: 훼손하지 말고 상하게 하지 말며,

反省勿怨하라

父母責之어시든

喜而勿忘하며

父母愛之어시든

(해설)

아버지 **부** 어머니 **모** 꾸짖을 **책** 어조사 **지**	아버지 **부** 어머니 **모** 사랑 **애** 어조사 **지**
父 母 責 之	父 母 愛 之
: 부모님께서 꾸짖으시거든,	: 부모님이 나를 사랑해 주시거든,
돌이킬 **반** 살필 **성** 말 **물** 원망할 **원**	기쁠 **희** 말이을 **이** 말 **물** 잊을 **망**
反 省 勿 怨	喜 而 勿 忘
: 반성하고 원망하지 말라.	: 기뻐하고 잊지 말며,

父母念之시니라　勿泳深淵하라　父母憂之시니라　勿登高樹하라

(해설)

말 **물** 헤엄칠 **영** 깊을 **심** 못 **연**	말 **물** 오를 **등** 높을 **고** 나무 **수**
勿 泳 深 淵	勿 登 高 樹
: 깊은 물에서 수영하지 말라,	: 높은 나무에 올라가지 말라,
아버지 **부** 어머니 **모** 염려할 **염** 어조사 **지**	아버지 **부** 어머니 **모** 근심할 **우** 어조사 **지**
父 母 念 之	父 母 憂 之
: 부모님이 염려하시니라.	: 부모님이 근심하시니라.

勿與人鬪 하라

父母不安 이시니라

室堂有塵 이어든

常必灑掃 하라

(해설)

집실 집당 있을유 먼지진 **室 堂 有 塵** : 집에 먼지가 있거든,	말물 더불여 사람인 싸움투 **勿 與 人 鬪** : 사람과 더불어 싸우지 말라,
항상상 반드시필 물뿌릴쇄 쓸소 **常 必 灑 掃** : 항상 반드시 물 뿌리고 쓸어라.	아버지부 어머니모 아니불 편안할안 **父 母 不 安** : 부모님이 불안해 하시니라.

一 欺 父 母 면

其 罪 如 山 이니라

事 必 稟 行 하고

無 敢 自 專 하라

(해설)

한 **일** 속일 **기** 아버지 **부** 어머니 **모**	일 **사** 반드시 **필** 여쭐 **품** 행할 **행**
一 欺 父 母	事 必 稟 行
: 한 번이라도 부모님을 속이면,	: 일은 반드시 여쭈어 행하고,
그 **기** 허물 **죄** 같을 **여** 뫼 **산**	없을 **무** 감히 **감** 스스로 **자** 제멋대로할 **전**
其 罪 如 山	無 敢 自 專
: 그 죄가 산과 같으니라.	: 감히 자기 멋대로 하지 말라.

王 剖　　孟 雪
祥 冰　　宗 裏
之 得　　之 求
孝 鯉　　孝 筍

니　　는　　요　　은
라

(해설)

쪼갤 **부** 얼음 **빙** 얻을 **득** 잉어 **리**	눈 **설** 속 **리** 구할 **구** 죽순 **순**
剖 冰 得 鯉	雪 裏 求 筍
: 얼음을 쪼개어 잉어를 얻은 것은,	: 눈 속에서 죽순을 구한 것은,
임금 **왕** 상서로울 **상** 어조사 **지** 효도 **효**	맏 **맹** 마루 **종** 어조사 **지** 효도 **효**
王 祥 之 孝	孟 宗 之 孝
: 왕상의 효도니라.	: 맹종의 효도요.

我身能賢 이면 譽及父母 며

我身不賢 이면 辱及父母 니라

(해설)

나**아** 몸**신** 능할**능** 어질**현**
我 身 能 賢
: 내 몸이 능히 어질면,

명예**예** 미칠**급** 아버지**부** 어머니**모**
譽 及 父 母
: 명예가 부모님께 미치며,

나**아** 몸**신** 아니**불** 어질**현**
我 身 不 賢
: 내 몸이 어질지 못하면,

욕될**욕** 미칠**급** 아버지**부** 어머니**모**
辱 及 父 母
: 욕이 부모님께 미치느니라.

非 我
有 身
先 曷
祖 生
면 이
리
오

追 祭
遠 祀
報 必
本 誠
하 하
야 라

(해설)

아닐 **비** 있을 **유** 먼저 **선** 할아버지 **조**	쫓을 **추** 멀 **원** 갚을 **보** 근본 **본**
非 有 先 祖	追 遠 報 本
: 선조가 계시지 않았으면,	: 멀리 추모하고 근본에 보답하여,
나 **아** 몸 **신** 어찌 **갈** 날 **생**	제사 **제** 제사 **사** 반드시 **필** 정성 **성**
我 身 曷 生	祭 祀 必 誠
: 내 몸이 어찌 낳았으리오.	: 제사는 반드시 정성스럽게 지내라.

禽獸無異^{니라} 不能如此^면

可謂孝矣^{니라} 事親如此^면

(해설)

아니 **불** 능할 **능** 같을 **여** 이 **차** **不 能 如 此** : 능히 이와 같지 않으면,	섬길 **사** 어버이 **친** 같을 **여** 이 **차** **事 親 如 此** : 어버이 섬기기를 이와 같이 하면,
날짐승 **금** 짐승 **수** 없을 **무** 다를 **이** **禽 獸 無 異** : 짐승과 다름이 없느니라.	가히 **가** 이를 **위** 효도 **효** 어조사 **의** **可 謂 孝 矣** : 가히 효도라 이를 지니라.

立 立
愛 敬
惟 惟
親 長
하 하
고 라

寶 忠
貨 孝
有 無
盡 窮
이 이
나 니
　 라

(해설)

보배 **보** 재화 **화** 있을 **유** 다할 **진**	설 **입** 사랑 **애** 생각할 **유** 어버이 **친**
寶 貨 有 盡	立 愛 惟 親
: 보화는 다함이 있으나,	: 사랑을 세움에 부모를 생각하고,
충성 **충** 효도 **효** 없을 **무** 다할 **궁**	설 **입** 공경할 **경** 생각할 **유** 어른 **장**
忠 孝 無 窮	立 敬 惟 長
: 충효는 다함이 없느니라.	: 공경을 세움에 어른을 생각하라,

忠　孝
卽　當
盡　竭
命　力

忠　人
孝　倫
爲　之
本　中

하　하
라　고

이　에
니

(해설)

효도 **효** 마땅할 **당** 다할 **갈** 힘 **력**	사람 **인** 인륜 **륜** 어조사 **지** 가운데 **중**
孝 當 竭 力	人 倫 之 中
: 효도는 마땅히 힘을 다하고,	: 인륜의 가운데에,
충성 **충** 곧 **즉** 다할 **진** 목숨 **명**	충성 **충** 효도 **효** 될 **위** 근본 **본**
忠 卽 盡 命	忠 孝 爲 本
: 충성은 곧 목숨을 다하라.	: 충성과 효도가 근본이 되니.

夫婦之倫은

二姓之合이니

內外有別하야

相敬如賓하라

(해설)

안 **내** 바깥 **외** 있을 **유** 분별할 **별**	남편 **부** 부인 **부** 어조사 **지** 인륜 **륜**
內 外 有 別	夫 婦 之 倫
: 내외가 분별이 있게 하여,	: 부부의 인륜은,
서로 **상** 공경할 **경** 같을 **여** 손님 **빈**	두 **이** 성 **성** 어조사 **지** 합할 **합**
相 敬 如 賓	二 姓 之 合
: 서로 공경하기를 손님 같이 하라.	: 두 성씨가 합한 것이니.

夫道和義요
婦德柔順이니

夫唱婦隨면
家道成矣니라

(해설)

남편 **부** 부를 **창** 부인 **부** 따를 **수**	남편 **부** 길 **도** 화합할 **화** 의로울 **의**
夫 唱 婦 隨	夫 道 和 義
: 남편이 부르고 부인이 따르면,	: 남편의 도는 화합하고 의로운 것이요,
집 **가** 길 **도** 이룰 **성** 어조사 **의**	부인 **부** 덕 **덕** 부드러울 **유** 순할 **순**
家 道 成 矣	婦 德 柔 順
: 집안의 도가 이루어 지니라.	: 부인의 덕은 부드럽고 순한 것이니,

兄友弟恭하야
不敢怨怒하라

兄弟姉妹는
同氣而生이니

(해설)

맏 **형** 우애할 **우** 아우 **제** 공손할 **공**	맏 **형** 아우 **제** 언니 **자** 누이 **매**
兄 友 弟 恭	兄 弟 姉 妹
: 형은 우애하고 동생은 공손하여,	: 형제자매는,
아니 **불** 감히 **감** 원망할 **원** 성낼 **노**	한가지 **동** 기운 **기** 말이을 **이** 날 **생**
不 敢 怨 怒	同 氣 而 生
: 감히 원망하거나 성내지 말라.	: 같은 기운을 받고 태어났으니,

骨肉雖分 이나
本生一氣 며
形體雖異 나
素受一血 이니라

(해설)

형상 **형** 몸 **체** 비록 **수** 다를 **이**	뼈 **골** 살 **육** 비록 **수** 나눌 **분**
形 體 雖 異	骨 肉 雖 分
: 몸의 형상은 비록 다르나,	: 뼈와 살은 비록 나누어졌으나,
본디 **소** 받을 **수** 한 **일** 피 **혈**	근본 **본** 날 **생** 한 **일** 기운 **기**
素 受 一 血	本 生 一 氣
: 본래 한 피를 받았느니라.	: 근본은 한 기운에서 태어났으며,

比之於水 하면

同源異流 니라

比之於木 하면

同根異枝 하며

(해설)

견줄 비 어조사 지 어조사 어 물 수	견줄 비 어조사 지 어조사 어 나무 목
比 之 於 水	比 之 於 木
: 물에 견주어 보면,	: 나무에 견주어 보면,
한가지 동 근원 원 다를 이 흐를 류	한가지 동 뿌리 근 다를 이 가지 지
同 源 異 流	同 根 異 枝
: 근원은 같고 흐름은 다른 것이니라.	:뿌리는 같고 가지는 다른 것이며,

兄　行　　　寢　食
弟　卽　　　卽　卽
怡　雁　　　連　同
怡　行　　　衾　牀

하야　하고　　하며　하라

(해설)

잘 **침** 곧 **즉** 이어질 **연** 이불 **금**	맏 **형** 아우 **제** 기쁠 **이** 기쁠 **이**
寢 卽 連 衾	兄 弟 怡 怡
: 잘 때에는 곧 이불을 연결하며,	: 형제는 화합(기뻐) 하여,
먹을 **식** 곧 **즉** 같을 **동** 평상 **상**	다닐 **행** 곧 **즉** 기러기 **안** 다닐 **행**
食 卽 同 牀	行 卽 雁 行
: 먹을 때에는 곧 밥상을 함께 하라.	: 다닐 때에는 곧 기러기 처럼 다니고,

私 夷
其 狄
衣 之
食 徒
이 니
면 라

分 有
毋 無
求 相
多 通
하 하
며 라

(해설)

사사로울 **사** 그 **기** 옷 **의** 밥 **식**	나눌 **분** 말 **무** 구할 **구** 많을 **다**
私 其 衣 食	分 毋 求 多
: 그 의복과 음식을 사사로이 하면,	: 나눌 때에는 많음을 구하지 말며,
오랑캐 **이** 오랑캐 **적** 어조사 **지** 무리 **도**	있을 **유** 없을 **무** 서로 **상** 통할 **통**
夷 狄 之 徒	有 無 相 通
: 오랑캐의 무리이니라.	: 있든 없든 서로 통하라.

兄無衣服
弟必獻之
하고
이어든

兄必與之
弟無飲食
하라
이어든

(해설)

아우 **제** 없을 **무** 마실 **음** 먹을 **식**	맏 **형** 없을 **무** 옷 **의** 옷 **복**
弟 無 飮 食	**兄 無 衣 服**
: 아우가 음식이 없거든,	: 형이 의복이 없거든,
맏 **형** 반드시 **필** 줄 **여** 어조사 **지**	아우 **제** 반드시 **필** 드릴 **헌** 어조사 **지**
兄 必 與 之	**弟 必 獻 之**
: 형이 반드시 주어라.	: 아우가 반드시 드리고,

必分而食하라　一粒之食이라도　必分而飲하고　一杯之水라도

(해설)

한 **일** 쌀알 **입** 어조사 **지** 밥 **식**	한 **일** 잔 **배** 어조사 **지** 물 **수**
一 粒 之 食	一 杯 之 水
: 한 쌀알의 밥이라도,	: 한 잔의 물이라도,
반드시 **필** 나눌 **분** 말이을 **이** 먹을 **식**	반드시 **필** 나눌 **분** 말이을 **이** 마실 **음**
必 分 而 食	必 分 而 飮
: 반드시 나누어 먹어라.	: 반드시 나누어 마시고,

兄雖責我라도
莫敢抗怒하며

弟雖有過라도
須勿聲責하라

(해설)

아우 **제** 비록 **수** 있을 **유** 허물 **과**	맏 **형** 비록 **수** 꾸짖을 **책** 나 **아**
弟 雖 有 過	兄 雖 責 我
: 아우가 비록 잘못이 있더라도,	: 형이 비록 나를 꾸짖더라도,
모름지기 **수** 말 **물** 소리 **성** 꾸짖을 **책**	말 **막** 감히 **감** 항거할 **항** 성낼 **노**
須 勿 聲 責	莫 敢 抗 怒
: 모름지기 소리 내어 꾸짖지 말라.	: 감히 항거하거나 성내지 말며,

兄弟有善 이어든
必譽于外 하고

兄弟有失 이어든
隱而勿揚 하라

(해설)

맏 **형** 아우 **제** 있을 **유** 잘못 **실** 兄 弟 有 失 : 형제 간에 잘못이 있거든,	맏 **형** 아우 **제** 있을 **유** 착할 **선** 兄 弟 有 善 : 형제 간에 착함이 있거든,
숨길 **은** 말이을 **이** 말 **물** 드날릴 **양** 隱 而 勿 揚 : 숨기고 드러내지 말라.	반드시 **필** 칭찬할 **예** 어조사 **우** 바깥 **외** 必 譽 于 外 : 반드시 드러내어 칭찬하고,

兄　弟
弟　亦
亦　效
效　之
之

兄
能
如
此
면

弟
亦
效
之
니
라

兄
弟
有
難
이
어
든

悶
而
思
救
하
고

(해설)

맏**형** 능할**능** 같을**여** 이**차** 兄　能　如　此 : 형이 능히 이와 같이 하면,	맏**형** 아우**제** 있을**유** 어려울**난** 兄　弟　有　難 : 형제간에 어려움이 있거든,
아우**제** 또**역** 본받을**효** 어조사**지** 弟　亦　效　之 : 아우 또한 본받으리라.	번민할**민** 말이을**이** 생각**사** 구원할**구** 悶　而　思　救 : 근심하며 구원할 생각을 하고,

我　兄
有　弟
憂　亦
患　憂

이　니
면　라

我　兄
有　弟
歡　亦
樂　樂

이　하
면　고

(해설)

나**아** 있을**유** 근심**우** 근심**환**	나**아** 있을**유** 기뻐할**환** 즐거울**락**
我　有　憂　患	我　有　歡　樂
: 나에게 근심이 있으면,	: 나에게 기쁨과 즐거움이 있으면,
맏**형** 아우**제** 또**역** 근심**우**	맏**형** 아우**제** 또**역** 즐거울**락**
兄　弟　亦　憂	兄　弟　亦　樂
: 형제 또한 근심 하니라.	: 형제 또한 즐거워 하고,

雖
有
他
親
이
나

豈
若
兄
弟
리
오

兄
弟
和
睦
이
면

父
母
喜
之
시
니
라

(해설)

맏 **형**	아우 **제**	화합할 **화**	화목할 **목**		비록 **수**	있을 **유**	다를 **타**	친할 **친**

兄 弟 和 睦 　　　 雖 有 他 親

: 형제가 화목하면, 　　　 : 비록 다른 친한 사람이 있으나,

아버지 **부**	어머니 **모**	기쁠 **희**	어조사 **지**	어찌 **기**	같을 **약**	맏 **형**	아우 **제**

父 母 喜 之 　　　 豈 若 兄 弟

: 부모님께서 기뻐하시니라. 　　　 : 어찌 형제와 같으리오.

先生施教어시든
弟子是則하라
事師如親하야
必恭必敬하며

(해설)

먼저 **선** 날 생 베풀 **시** 가르칠 **교**	섬길 **사** 스승 **사** 같을 **여** 어버이 **친**
先 生 施 教	**事 師 如 親**
: 선생님이 가르침을 베푸시거든,	: 스승 섬기기를 부모님 같이 하여,
제자 **제** 어조사 **자** 이 **시** 본받을 **칙**	반드시 **필** 공손할 **공** 반드시 **필** 공경할 **경**
弟 子 是 則	**必 恭 必 敬**
: 제자들은 이것을 본받아라.	: 반드시 공손하고 반드시 공경하며,

夙興夜寐하야
勿懶讀書하며
勤勉工夫하면
父母悅之시니라

(해설)

부지런할 **근** 힘쓸 **면** 장인 **공** 지아비 **부**	일찍 **숙** 일어날 **흥** 밤 **야** 잠잘 **매**
勤 勉 工 夫	夙 興 夜 寐
: 부지런히 힘써서 공부하면,	: 일찍 일어나서 밤에 잠잘 때까지,
아버지 **부** 어머니 **모** 기쁠 **열** 어조사 **지**	말 **물** 게으를 **나** 읽을 **독** 글 **서**
父 母 悅 之	勿 懶 讀 書
: 부모님이 기뻐하시니라.	: 책 읽기를 게을리 하지 말며,

始 習 文 字 　어든

字 劃 楷 正 　하고

書 冊 狼 藉 　어든

每 必 整 頓 　하라

(해설)

처음 시 익힐 습 글월 문 글자 자	글 서 책 책 어지러울 랑 깔 자
始 習 文 字	書 冊 狼 藉
: 처음 문자를 익히거든,	: 서책이 어지러이 깔려 있거든,
글자 자 그을 획 곧을 해 바를 정	매양 매 반드시 필 가지런할 정 조아릴 돈
字 劃 楷 正	每 必 整 頓
: 글자의 획을 곧고 바르게 하고,	: 매번 반드시 정돈하라.

能孝能悌는 莫非師恩이며

能知能行이 總是師功이니라

(해설)

능할 **능** 알 **지** 능할 **능** 행할 **행**	능할 **능** 효도 **효** 능할 **능** 공손할 **제**
能 知 能 行	能 孝 能 悌
: 능히 알고 능히 행하는 것이,	: 능히 효도하고 능히 공손한 것은,
다 **총** 이 **시** 스승 **사** 공 **공**	없을 **막** 아닐 **비** 스승 **사** 은혜 **은**
總 是 師 功	莫 非 師 恩
: 다 스승의 공이니라.	: 스승의 은혜 아님이 없으며,

長者之前엔
進退必恭하라

長者慈幼하고
幼者敬長하며

(해설)

어른 **장** 어조사 **자** 어조사 **지** 앞 **전**	어른 **장** 어조사 **자** 사랑할 **자** 어릴 **유**
長 者 之 前	長 者 慈 幼
: 어른의 앞에서는,	: 어른은 어린이를 사랑하고,
나아갈 **진** 물러날 **퇴** 반드시 **필** 공손할 **공**	어릴 **유** 어조사 **자** 공경할 **경** 어른 **장**
進 退 必 恭	幼 者 敬 長
: 나아가고 물러나기를 반드시 공손히 하라.	: 어린이는 어른을 공경하며,

父
以
事
之
하
고

年
長
以
倍
어
든

兄
以
事
之
하
라

十
年
以
長
이
어
든

(해설)

열**십** 해**년** 써**이** 길**장** **十 年 以 長** : 열 살이 많거든,	나이**연** 길**장** 써**이** 곱**배** **年 長 以 倍** : 나이가 곱절이 많거든,
맏**형** 써**이** 섬길**사** 어조사**지** **兄 以 事 之** : 형으로 섬겨라.	아버지**부** 써**이** 섬길**사** 어조사**지** **父 以 事 之** : 아버지로 섬기고.

我敬人兄이면
人敬我兄이니라

我敬人親이면
人敬我親하고

(해설)

나 **아** 공경할 **경** 남 **인** 맏 **형**

我 敬 人 兄

: 내가 남의 형을 공경하면,

남 **인** 공경할 **경** 나 **아** 맏 **형**

人 敬 我 兄

: 남이 내 형을 공경 하니라.

나 **아** 공경할 **경** 남 **인** 어버이 **친**

我 敬 人 親

: 내가 남의 어버이를 공경하면,

남 **인** 공경할 **경** 나 **아** 어버이 **친**

人 敬 我 親

: 남이 내 어버이를 공경 하고,

賓客不來면 門戶寂寞이니라

賓客來訪이어든 接待必誠하라

(해설)

손님**빈** 손**객** 아니**불** 올**래** **賓 客 不 來** : 손님이 오지 않으면,	손님**빈** 손**객** 올**내** 찾을**방** **賓 客 來 訪** : 손님이 찾아 오거든,
문**문** 집**호** 고요할**적** 쓸쓸할**막** **門 戶 寂 寞** : 집이 고요하고 쓸쓸해 지니라.	대접할**접** 대할**대** 반드시**필** 정성**성** **接 待 必 誠** : 접대하기를 반드시 정성을 다 하라.

友 其 正 人 (이면)

我 亦 自 正 (하고)

從 遊 邪 人 (이면)

我 亦 自 邪 (니라)

(해설)

따를 종 놀 유 간사할 사 사람 인	벗 우 그 기 바를 정 사람 인
從 遊 邪 人	友 其 正 人
: 간사한 사람을 따라 놀면,	: 바른 사람을 벗하면,
나 아 또 역 스스로 자 간사할 사	나 아 또 역 스스로 자 바를 정
我 亦 自 邪	我 亦 自 正
: 나 또한 스스로 간사해지니라.	: 나 또한 스스로 바르게 되고,

288 사자 소가 되어 학으로 날다

近 近
朱 墨
者 者
赤 黑
하 하
며 고

不 白
染 沙
自 在
汚 泥
니 면
라

(해설)

흰 백 모래 사 있을 재 진흙 니

白 沙 在 泥

: 흰 모래가 진흙에 있으면,

아니 불 물들일 염 스스로 자 더러울 오

不 染 自 汚

: 물들이지 않아도
스스로 더러워지니라.

가까울 근 먹 묵 사람 자 검을 흑

近 墨 者 黑

: 먹을 가까이하는 사람은 검어지고,

가까울 근 붉을 주 사람 자 붉을 적

近 朱 者 赤

: 붉은 것을
가까이하는 사람은 붉어지며,

擇
而
交
之
면

有
所
補
益
하
고

不
擇
而
交
면

反
有
害
矣
니
라

(해설)

아니 **불** 가릴 **택** 말이을 **이** 사귈 **교**	가릴 **택** 말이을 **이** 사귈 **교** 어조사 **지**
不 擇 而 交	擇 而 交 之
: 가리지 않고 사귀면,	: 가려서 사귀면,
돌이킬 **반** 있을 **유** 해로울 **해** 어조사 **의**	있을 **유** 바 **소** 도울 **보** 유익할 **익**
反 有 害 矣	有 所 補 盆
: 돌이켜 해로움이 있느니라.	: 도움과 유익함이 있고,

朋友有過어든 忠告善導하고
人無責友면 易陷不義니라

(해설)

벗 **붕** 벗 **우** 있을 **유** 허물 **과**	사람 **인** 없을 **무** 꾸짖을 **책** 벗 **우**
朋 友 有 過	人 無 責 友
: 친구가 잘못이 있거든,	: 친구를 꾸짖어 주는 사람이 없으면,
충성할 **충** 알릴 **고** 착할 **선** 인도할 **도**	쉬울 **이** 빠질 **함** 아니 **불** 옳을 **의**
忠 告 善 導	易 陷 不 義
: 충고하여 착하게 인도하고,	: 옳지 않은 일에 빠지기 쉬우니라.

厭人責者는 其行無進하고

見善從之하며 知過必改하라

(해설)

볼 **견** 착할 **선** 따를 **종** 어조사 **지** **見 善 從 之** : 착한 것을 보면 따르며,	싫어할 **염** 남 **인** 꾸짖을 **책** 사람 **자** **厭 人 責 者** : 남의 꾸짖음을 싫어하는 사람은,
알 **지** 허물 **과** 반드시 **필** 고칠 **개** **知 過 必 改** : 잘못을 알면 반드시 고쳐라.	그 **기** 행할 **행** 없을 **무** 나아갈 **진** **其 行 無 進** : 그 행동에 진전이 없고,

二人同心 하니
其利斷金 하고

同心之言 은
其臭如蘭 이니라

(해설)

두 이 사람 인 한가지 동 마음 심	한가지 동 마음 심 어조사 지 말씀 언
二 人 同 心	同 心 之 言
: 두 사람이 마음을 함께하니,	: 마음을 같이하는 말은,
그 기 이로울 리 끊을 단 쇠 금	그 기 냄새 취 같을 여 난초 란
其 利 斷 金	其 臭 如 蘭
: 그 이로움이 쇠도 자를 수 있고,	그 향기가 난초와 같으니라.

人性之綱 仁義禮智 이는 이니라

天道之常 元亨利貞 이은요

(해설)

어질 **인** 의로울 **의** 예절 **예** 지혜 **지** 仁 義 禮 智 : 인의예지는,	으뜸 **원** 형통할 **형** 이로울 **이** 곧을 **정** 元 亨 利 貞 : 원형이정은(봄 여름 가을 겨울),
사람 **인** 성품 **성** 어조사 **지** 벼리 **강** 人 性 之 綱 : 인성의 벼리이니라.	하늘 **천** 도리 **도** 어조사 **지** 떳떳할 **상** 天 道 之 常 : 하늘의 도의 떳떳함이요.

君 父 是 夫
爲 爲 謂 爲
臣 子 三 婦
綱 綱 綱 綱
하 하 이 이
고 며 니 니
　 　 라

(해설)

임금 **군** 될 **위** 신하 **신** 벼리 **강**	남편 **부** 될 **위** 부인 **부** 벼리 **강**
君 爲 臣 綱	夫 爲 婦 綱
: 임금은 신하의 벼리가 되고,	: 남편은 부인의 벼리가 되니,
아버지 **부** 될 **위** 아들 **자** 벼리 **강**	이 **시** 이를 **위** 석 **삼** 벼리 **강**
父 爲 子 綱	是 謂 三 綱
: 아버지는 자식의 벼리가 되며,	: 이것을 삼강이라 이르니라.

父子有親하고

君臣有義하며

夫婦有別하고

長幼有序하며

(해설)

남편 **부** 부인 **부** 있을 **유** 분별할 **별**	아버지 **부** 아들 **자** 있을 **유** 친할 **친**
夫 婦 有 別	父 子 有 親
: 남편과 부인은 분별이 있어야 하고,	: 아버지와 자식은 친함이 있어야 하고,
어른 **장** 어릴 **유** 있을 **유** 차례 **서**	임금 **군** 신하 **신** 있을 **유** 의로울 **의**
長 幼 有 序	君 臣 有 義
: 어른과 어린이는 차례가 있어야 하며.	: 임금과 신하는 의가 있어야 하며.

朋友有信 이니

是謂五倫 이니라

人所以貴 는

以其倫綱 이니라

(해설)

사람 **인** 바 **소** 써 **이** 귀할 **귀**	벗 **붕** 벗 **우** 있을 **유** 믿을 **신**
人 所 以 貴	**朋 友 有 信**
: 사람이 귀한 바는,	: 친구간에는 믿음이 있어야 하니,
써 **이** 그 **기** 인륜 **윤** 벼리 **강**	이 **시** 이를 **위** 다섯 **오** 인륜 **륜**
以 其 倫 綱	**是 謂 五 倫**
: 그 오륜과 삼강 때문이니라.	: 이것을 오륜이라 이르니라.

足容必重하고
手容必恭하며
目容必端하고
口容必止하며

(해설)

눈 목 모습 용 반드시 필 단정할 단	발 족 모습 용 반드시 필 무거울 중
目 容 必 端	足 容 必 重
: 눈 모습은 반드시 단정하게 하고,	: 발 모습은 반드시 무겁게 하고,
입 구 모습 용 반드시 필 그칠 지	손 수 모습 용 반드시 필 공손할 공
口 容 必 止	手 容 必 恭
: 입 모습은 반드시 다물며.	: 손 모습은 반드시 공손하게 하며,

聲 頭 氣 立
容 容 容 容
必 必 必 必
靜 直 肅 德
하 하 하 하
고 며 고 며

(해설)

숨 기 모습 용 반드시 필 엄숙할 숙 氣 容 必 肅 : 숨 쉬는 모습은 반드시 엄숙하게 하고,	소리 성 모습 용 반드시 필 고요할 정 聲 容 必 靜 : 소리 모습(음성)은 반드시 고요하게 하고,
설 입 모습 용 반드시 필 덕 덕 立 容 必 德 : 서 있는 모습은 반드시 덕스럽게 하며,	머리 두 모습 용 반드시 필 곧을 직 頭 容 必 直 : 머리 모습은 반드시 곧게 하며,

聽　視
必　必
思　思
聰　明
하　하
며　고

是　色
日　容
九　必
容　莊
이　이
니　니
라

(해설)

볼 **시** 반드시 **필** 생각할 **사** 밝을 **명**	낯 **색** 모습 **용** 반드시 **필** 씩씩할 **장**
視 必 思 明	色 容 必 莊
: 볼 때에는 반드시 밝을 것을 생각하고,	: 얼굴 모습은 반드시 씩씩하게 할 것이니,
들을 **청** 반드시 **필** 생각할 **사** 귀밝을 **총**	이 **시** 가로 **왈** 아홉 **구** 모습 **용**
聽 必 思 聰	是 日 九 容
: 들을 때에는 반드시 귀 밝을 것을 생각하며.	: 이것을 구용이라 하니라.

言 事
必 必
思 思
忠 敬
하 하
고 며

色 貌
必 必
思 思
溫 恭
하 하
고 며

(해설)

말씀 **언** 반드시 **필** 생각할 **사** 충성 **충**	낯 **색** 반드시 **필** 생각할 **사** 따뜻할 **온**
言 必 思 忠	色 必 思 溫
: 말은 반드시 충성스럽게 할 것을 생각하고,	: 얼굴 빛은 반드시 따뜻할 것을 생각하고,
일 **사** 반드시 **필** 생각할 **사** 삼가할 **경**	얼굴 **모** 반드시 **필** 생각할 **사** 공손할 **공**
事 必 思 敬	貌 必 思 恭
: 일은 반드시 조심하게 할 것을 생각하며,	: 얼굴은 반드시 공손할 것을 생각하며,

是	見			忿	疑		
日	得			必	必		
九	思			思	思		
思	義			難	問		
니라	하니			하며	하고		

(해설)

볼 **견**	얻을 **득**	생각할 **사**	옳을 **의**	의심할 **의**	반드시 **필**	생각할 **사**	물을 **문**
見	得	思	義	疑	必	思	問

: 얻을 것을 보면
옳은지를 생각해야 하니,

: 의심 나는 것은
반드시 물을 것을 생각하고,

이 **시**	가로 **왈**	아홉 **구**	생각할 **사**	성낼 **분**	반드시 **필**	생각할 **사**	어려울 **난**
是	日	九	思	忿	必	思	難

: 이것을 구사라 하니라.

: 화낼 때에는 반드시
어려울(근심할) 것을 생각하며,

非禮勿動 이니라　非禮勿言 하고　　非禮勿聽 하며　非禮勿視 하고

(해설)

아닐 **비** 예절 **례** 말 **물** 말씀 **언**		아닐 **비** 예절 **례** 말 **물** 볼 **시**	
非 禮 勿 言		非 禮 勿 視	
: 예가 아니면 말하지 말고,		: 예가 아니면 보지 말고,	
아닐 **비** 예법 **례** 말 **물** 움직일 **동**		아닐 **비** 예절 **례** 말 **물** 들을 **청**	
非 禮 勿 動		非 禮 勿 聽	
: 예가 아니면 행동하지 말지니라.		: 예가 아니면 듣지 말며.	

衣 容　　言 行
冠 貌　　卽 必
整 端　　信 正
齊 正　　實 直

하 하　　하 하
라 고　　며 고

(해설)

얼굴 **용** 모양 **모** 바를 **단** 바를 **정**	행할 **행** 반드시 **필** 바를 **정** 곧을 **직**
容 貌 端 正	行 必 正 直
: 얼굴 모양은 바르게 하고,	: 행동은 반드시 바르고 곧게 하고,
옷 **의** 갓 **관** 가지런할 **정** 가지런할 **제**	말씀 **언** 곧 **즉** 믿을 **신** 참 **실**
衣 冠 整 齊	言 卽 信 實
: 의관은 가지런하게 하라.	: 말은 곧 믿음이 있고 참되게 하며,

飲食愼節하고
言語恭遜하라

常德固持하고
然諾重應하며

(해설)

마실 **음** 밥 **식** 삼갈 **신** 절제할 **절**	항상 **상** 덕 **덕** 굳을 **고** 지닐 **지**
飲 食 愼 節	常 德 固 持
: 음식은 삼가하며 절제하고,	: 항상 덕을 굳게 지니고,
말씀 **언** 말씀 **어** 공손할 **공** 겸손할 **손**	어조사 **연** 승낙할 **낙** 무거울 **중** 대답할 **응**
言 語 恭 遜	然 諾 重 應
: 말은 공손하고 겸손하게 하라.	: 승낙할 때에는 신중히 대답하며,

患 禮　　　　過 德
難 俗　　　　失 業
相 相　　　　相 相
恤 交　　　　規 勸

하 하　　　　하 하
라 고　　　　며 고

(해설)

예절 예 풍습 속 서로 상 사귈 교	덕 덕 일 업 서로 상 권할 권
禮 俗 相 交	德 業 相 勸
: 예절과 풍습으로 서로 사귀고,	: 덕 있는 일은 서로 권하고,
근심 환 어려울 난 서로 상 구제할 휼	허물 과 잘못할 실 서로 상 바로잡을 규
患 難 相 恤	過 失 相 規
: 근심과 어려움은 서로 구제하라.	: 허물과 잘못은 서로 바로 잡아주며,

婚　親　貧
姻　戚　窮
死　相　困
喪　救　厄

婚姻死喪_에
隣保相助_{하라}

貧窮困厄_에
親戚相救_{하며}

隣　　　
保　　　
相　　　
助

(해설)

혼인할 **혼** 혼인할 **인** 죽을 **사** 복입을 **상**	가난할 **빈** 궁할 **궁** 괴로울 **곤** 재앙 **액**
婚 姻 死 喪	貧 窮 困 厄
: 혼인과 초상에,	: 가난과 재앙으로 괴로울 때에,
이웃 **인** 지킬 **보** 서로 **상** 도울 **조**	친할 **친** 겨레 **척** 서로 **상** 도울 **구**
隣 保 相 助	親 戚 相 救
: 이웃이 서로 도와 지켜라.	: 친척들이 서로 도우며,

修身齊家는

治國之本이요

讀書勤儉은

起家之本이니라

(해설)

읽을 **독** 글 **서** 부지런할 **근** 검소할 **검**

讀 書 勤 儉

: 책을 읽고 부지런하고 검소함은,

닦을 **수** 몸 **신** 가지런할 **제** 집 **가**

修 身 齊 家

: 몸을 닦고
집 안을 가지런히 하는 것은,

일어날 **기** 집 **가** 어조사 **지** 근본 **본**

起 家 之 本

: 집안을 일으키는 근본이니라.

다스릴 **치** 나라 **국** 어조사 **지** 근본 **본**

治 國 之 本

: 나라를 다스리는 근본이요.

莫 談 他 短
하고

하며

靡 恃 己 長

己 所 不 欲
을

하라

勿 施 於 人

(해설)

몸 기　바 소　아니 불　하고자할 욕	말 막　이야기할 담　다를 타　짧을 단
己 所 不 欲	**莫 談 他 短**
: 자기가 하고자 하지 않는 바를,	: 다른 사람의 단점을 말하지 말고,
말 물　베풀 시　어조사 어　남 인	말 미　믿을 시　몸 기　길 장
勿 施 於 人	**靡 恃 己 長**
: 남에게 베풀지 말라.	: 자기의 장점을 믿지 말며,

必 積
有 善
餘 之
慶 家
    는
  이요

必 不
有 善
餘 之
殃 家
    는
  이니라

(해설)

아니 **불**	착할 **선**	어조사 **지**	집 **가**		쌓을 **적**	착할 **선**	어조사 **지**	집 **가**

不 善 之 家

: 선을 쌓지 않은 집은,

積 善 之 家

: 선을 쌓은 집은,

반드시 **필** 있을 **유** 남을 **여** 재앙 **앙**

必 有 餘 殃

: 반드시 후에 재앙이 있느니라.

반드시 **필** 있을 **유** 남을 **여** 경사 **경**

必 有 餘 慶

: 반드시 후에 경사가 있는 것이요,

損人利己니면 終是自害니

禍福無門하야 惟人所召니라

(해설)

재앙**화** 복**복** 없을**무** 문**문** **禍 福 無 門** : 재앙과 복은 문이 없어,	상할**손** 남**인** 이로울**이** 몸**기** **損 人 利 己** : 남을 손해 보게 하고 자신을 이롭게 하면,
오직**유** 사람**인** 바**소** 부를**소** **惟 人 所 召** : 오직 사람이 부르는 바니라.	마침내**종** 이**시** 스스로**자** 해칠**해** **終 是 自 害** : 마침내 자신을 해치느니,

不 非
才 人
勝 不
德 傳
하 하
라 고

蔬 兩
之 葉
將 可
善 辯
은 이
　 니

(해설)

아닐 **비** 사람 **인** 아니 **부** 전할 **전** 非 人 不 傳 : 인성이 결여된 자에게는 　가르침을 전하지 말고,	채소 **소** 어조사 **지** 장차 **장** 착할 **선** 蔬 之 將 善 : 될성부른 나무는,
아니 **부** 재주 **재** 이길 **승** 덕 **덕** 不 才 勝 德 : 재주가 덕을 앞서게 하지 말라.	두 양 잎 **엽** 가히 **가** 분별한 **변** 兩 葉 可 辯 : 떡잎부터 알아보니,

以勢交者는 勢傾則絶하고

以利交者는 利窮則散이니라

(해설)

써 **이** 이로울 **리** 사귈 **교** 사람 **자**	써 **이** 권세 **세** 사귈 **교** 사람 **자**
以 利 交 者	以 勢 交 者
: 이익으로서 사귀는 자는,	: 권세로서 사귀는 자는,
이로울 **이** 다할 **궁** 곧 **즉** 흩어질 **산**	권세 **세** 기울 **경** 곧 **즉** 끊을 **절**
利 窮 則 散	勢 傾 則 絶
: 이익이 다하면 곧 흩어 지니라.	: 권세가 기울면 곧 끊어지고,

欲論人者는
必先自論하라

欲勝人者는
必先自勝하고

(해설)

하고자할 **욕** 논할 **론** 남 **인** 사람 **자**	하고자할 **욕** 이길 **승** 남 **인** 사람 **자**
欲 論 人 者	欲 勝 人 者
: 남을 논하고자 하는 사람은,	: 남을 이기고자 하는 사람은,
반드시 **필** 먼저 **선** 스스로 **자** 논할 **론**	반드시 **필** 먼저 **선** 스스로 **자** 이길 **승**
必 先 自 論	必 先 自 勝
: 반드시 먼저 스스로를 논하라.	: 반드시 먼저 스스로를 이기고,

사자 소가 되어 학으로 날다

酒 花
香 香
十 百
里 里
하 하
고 며

不 不
知 能
則 則
問 學
하 하
고 라

(해설)

술 **주** 향기 **향** 열 **십** 마을 **리**	아니 **부** 알 **지** 곧 **즉** 물을 **문**
酒 香 十 里	不 知 則 問
: 술의 향기는 십리를 가고,	: 알지 못하면 곧 묻고,
꽃 **화** 향기 **향** 일백 **백** 마을 **리**	아니 **불** 능할 **능** 곧 **즉** 배울 **학**
花 香 百 里	不 能 則 學
: 꽃의 향기는 백리를 가며,	: 능하지 않으면 곧 배워라.

見危授命
하라

見利思義
하고

德香萬里
니라

人香千里
하고

(해설)

볼 **견** 이로울 **리** 생각 **사** 옳을 **의**

見 利 思 義

: 이로움을 보거든 의를 생각하고,

볼 **견** 위태할 **위** 줄 **수** 목숨 **명**

見 危 授 命

: 위태로움을 보거든
목숨을 바쳐라.

사람 **인** 향기 **향** 일천 **천** 마을 **리**

人 香 千 里

: 사람의 향기는 천리를 가고,

덕 **덕** 향기 **향** 일만 **만** 마을 **리**

德 香 萬 里

덕의 향기는 만리를 가느니라.

儉 而 不 陋 하고

華 而 不 侈 하며

志 在 高 山 하고

心 如 大 海 하라

(해설)

뜻 **지** 있을 **재** 높을 **고** 뫼 **산** **志 在 高 山** : 뜻은 높은 산에 있고,	검소할 **검** 말이을 **이** 아니 **불** 더러울 **루** **儉 而 不 陋** : 검소하나 누추하지 않고,
마음 **심** 같을 **여** 큰 **대** 바다 **해** **心 如 大 海** : 마음은 큰 바다와 같아라.	빛날 **화** 말이을 **이** 아니 **불** 사치할 **치** **華 而 不 侈** : 화려하나 사치스럽지 않으며,

三　三　　勿　寧
思　思　　爲　爲
一　一　　牛　鷄
行　言　　後　口
하　하　　라　언
라　고　　　　정

(해설)

석**삼** 생각할**사** 한**일** 말씀**언**	편안할**영** 될**위** 닭**계** 입**구**
三　思　一　言	寧　爲　鷄　口
: 한 번 말하기 전에 　세 번 생각하고,	: 닭의 머리가 될지언정,
석**삼** 생각할**사** 한**일** 행할**행**	말**물** 될**위** 소**우** 뒤**후**
三　思　一　行	勿　爲　牛　後
: 한 번 행동하기 전에 　세 번 생각하라.	: 소꼬리는 되지 말라.

言
不
中
理
면

不
如
不
言
이요

一
言
不
中
이면

千
語
無
用
이니라

(해설)

한 **일** 말씀 **언** 아니 **부** 맞을 **중**	말씀 **언** 아니 **부** 맞을 **중** 이치 **리**
一 言 不 中	言 不 中 理
: 한 마디 말이라도 맞지 않으면,	: 말이 이치에 맞지 않으면,
일천 **천** 말씀 **어** 없을 **무** 쓸 **용**	아니 **불** 같을 **여** 아니 **불** 말씀 **언**
千 語 無 用	不 如 不 言
: 천 마디 말도 쓸데 없는 것이니라.	: 말하지 아니함만 못한 것이요,

必 忿　　去 來
有 中　　語 語
漏 之　　何 不
泄 言　　美 美

이　　에　　하　　한
니　　　　　라　　데
라

(해설)

성낼 분 가운데 중 어조사 지 말씀 언

忿 中 之 言

: 홧김에 하는 말은,

반드시 필 있을 유 샐 누 샐 설

必 有 漏 泄

: 꼭 실수가 있기 마련이니라.

올 내 말씀 어 아니 불 아름다울 미

來 語 不 美

: 오는 말이 곱지 않은데,

갈 거 말씀 어 어찌 하 아름다울 미

去 語 何 美

: 어찌 가는 말이 고우랴.

飛 無　　夜 晝
于 足　　語 語
千 之　　鼠 雀
里 言　　聽 聽
　니　　이　　　　　하　　하
　라　　　　　　　며　　고

(해설)

없을 **무** 발 **족** 어조사 **지** 말씀 **언**	낮 **주** 말씀 **어** 참새 **작** 들을 **청**
無 足 之 言	晝 語 雀 聽
: 발 없는 말이,	: 낮 말은 새가 듣고,
날 **비** 어조사 **우** 일천 **천** 마을 **리**	밤 **야** 말씀 **어** 쥐 **서** 들을 **청**
飛 于 千 里	夜 語 鼠 聽
: 천리 가느니라.	: 밤 말은 쥐가 들으며,

對 持　　　死 生
人 己　　　魚 魚
春 秋　　　流 逆
風 霜　　　水 水

　　하　　　　하　　　　　니　　　하
　　라　　　　고　　　　　라　　　고

(해설)

가질 **지** 몸 **기** 가을 **추** 서리 **상**	날 **생** 물고기 **어** 거스릴 **역** 물 **수**
持 己 秋 霜	生 魚 逆 水
: 자신에게는 가을의 서리처럼 엄하고,	: 살아 있는 물고기는 물을 거슬러 올라가고,
대할 **대** 사람 **인** 봄 **춘** 바람 **풍**	죽을 **사** 물고기 **어** 흐를 **유** 물 **수**
對 人 春 風	死 魚 流 水
남에게는 봄바람처럼 부드럽게 하라.	: 죽은 물고기는 물에 흘러가느니라.

種豆得豆니라 種瓜得瓜요 自業自得이니 因果應報요

(해설)

심을 **종** 오이 **과** 얻을 **득** 오이 **과**	인할 **인** 과실 **과** 응할 **응** 갚을 **보**
種 瓜 得 瓜	因 果 應 報
: 오이를 심으면 오이를 얻는 것이요,	: 원인과 결과는 서로 물고 물리는 것이요,
심을 **종** 콩 **두** 얻을 **득** 콩 **두**	스스로 **자** 업 **업** 스스로 **자** 얻을 **득**
種 豆 得 豆	自 業 自 得
: 콩을 심으면 콩을 얻는 것이니라.	: 스스로 지은 일의 결과를 스스로 받으니,

今日可爲는
勿遲明日하라

農夫餓死라도
枕厥種子하니

(해설)

이제 **금** 날 **일** 가히 **가** 할 **위**	농사 **농** 지아비 **부** 주릴 **아** 죽을 **사**
今 日 可 爲	農 夫 餓 死
: 오늘 할 일을,	: 농부는 굶어 죽어도,
말 **물** 늦을 **지** 밝을 **명** 날 **일**	베개 **침** 그 **궐** 씨 **종** 아들 **자**
勿 遲 明 日	枕 厥 種 子
: 내일로 미루지 마라.	: 그 씨앗을 베고 죽으니,

爲人之學이나
爲己之學이니
格物致知하고
誠意正心하라

(해설)

바로잡을 **격** 만물 **물** 이를 **치** 알 **지** **格 物 致 知** : 사물의 이치를 궁구하여 지혜에 이르고,	위할 **위** 남 **인** 어조사 **지** 배울 **학** **爲 人 之 學** : 남을 위한 배움이나,
정성 **성** 뜻 **의** 바를 **정** 마음 **심** **誠 意 正 心** : 뜻을 정성스럽게 하여 마음을 바로 하라.	위할 **위** 몸 **기** 어조사 **지** 배울 **학** **爲 己 之 學** : 자기를 위한 배움이 먼저이니,

(해설)

봄 춘 만약 **약** 아니 **불** 밭갈 **경**	셋째지지 **인** 만약 **약** 아니 **불** 일어날 **기**
春 若 不 耕	寅 若 不 起
: 봄에 밭을 갈지 않으면,	: 새벽에 일어나지 않으면,
가을 **추** 없을 **무** 바 **소** 바랄 **망**	날 **일** 없을 **무** 바 **소** 힘쓸 **판**
秋 無 所 望	日 無 所 辦
: 가을에 바랄 바가 없으며,	: 그날에 힘쓸 바가 없고,

小　大　　老　幼
福　福　　無　而
在　在　　所　不
勤　天　　知　學

이　하　　니　이
니　고　　라　면
라

(해설)

큰 대　복 복　있을 재　하늘 천	어릴 유　말이을 이　아니 불　배울 학
大　福　在　天	幼　而　不　學
: 큰 복은 하늘에 있고,	: 어려서 배우지 않으면,
작을 소　복 복　있을 재　부지런할 근	늙을 노　없을 무　바 소　알 지
小　福　在　勤	老　無　所　知
: 작은 복은 근면함에 있느니라.	: 늙어서 아는 것이 없느니라.

物有本末하고 事有終始하니

知所先後라면 則近道矣

(해설)

알 **지** 바 **소** 먼저 **선** 뒤 **후** **知 所 先 後** : 먼저 할 바와 뒤에 할 바를 알면,	사물 **물** 있을 **유** 근본 **본** 끝 **말** **物 有 本 末** : 사물에는 근본과 말단이 있고,
곧 **즉** 가까울 **근** 길 **도** 어조사 **의** **則 近 道 矣** : 곧 도에 가까우니라.	일 **사** 있을 **유** 마칠 **종** 비로소 **시** **事 有 終 始** : 일에는 시작과 끝이 있으니,

執 子　　　　流 灌
敢 帥　　　　下 頭
不 以　　　　足 之
正 正　　　　底 水
이 이　　　　니 는
리 면
오

(해설)

아들 **자** 거느릴 **솔** 써 **이** 바를 **정** **子 帥 以 正** : 그대가 바른 것으로 거느리면,	물댈 **관** 머리 **두** 어조사 **지** 물 **수** **灌 頭 之 水** : 머리에 부은 물은,
누구 **숙** 감히 **감** 아니 **부** 바를 **정** **孰 敢 不 正** : 누가 감히 바르지 않으리오.	흐를 **유** 아래 **하** 발 **족** 밑 **저** **流 下 足 底** : 발 아래로 흘러내리니,

生者必滅하며 事必歸正이니라 會者定離요 去者必返하고

會者定離요
去者必返하고
生者必滅하며
事必歸正이니라

(해설)

날 **생** 사람 **자** 반드시 **필** 멸할 **멸** 生 者 必 滅 : 살아 있는 것은 반드시 멸하며,	모일 **회** 사람 **자** 정할 **정** 헤어질 **리** 會 者 定 離 : 만나는 사람은 반드시 헤어지게 되는 것이요,
일 **사** 반드시 **필** 돌아갈 **귀** 바를 **정** 事 必 歸 正 : 일은 반드시 바른 길로 돌아가는 것이니라.	갈 **거** 사람 **자** 반드시 **필** 돌아올 **반** 去 者 必 返 : 떠난 사람은 반드시 돌아오는 것이고,

330 사자 소가 되어 학으로 날다

讀書百遍　이면
其義自見　하고

一心精到　면
豈不成功　이리오

(해설)

읽을 독 글 서 일백 백 두루 편	한 일 마음 심 정할 정 이를 도
讀書百遍	一心精到
: 책을 백 번 읽으면,	: 한 마음이 정성에 이르면,
그 기 옳을 의 스스로 자 뵈올 현	어찌 기 아니 불 이룰 성 공 공
其義自見	豈不成功
: 그 뜻은 스스로 알게 되고,	: 어찌 성공하지 않으리오.

忍之爲上이니 百行之本은

無汗不成이니라 無忍不達하고

(해설)

일백 **백** 행할 **행** 어조사 **지** 근본 **본**	없을 **무** 참을 **인** 아니 **부** 통달할 **달**
百 行 之 本	無 忍 不 達
: 백 가지 행동의 근본은,	: 인내하지 않으면 달성할 수 없고,
참을 **인** 어조사 **지** 될 **위** 윗 **상**	없을 **무** 땀 **한** 아니 **불** 이룰 **성**
忍 之 爲 上	無 汗 不 成
: 참는 것이 으뜸이니,	: 땀 흘리지 않으면 성공할 수 없느니라.

爲事在人하고
成事在天하며

自天祐之하니
吉無不利니라

(해설)

스스로 **자** 하늘 **천** 도울 **우** 어조사 **지** **自 天 祐 之** : 하늘은 스스로 돕는 자를 도와주니,	할 **위** 일 **사** 있을 **재** 사람 **인** **爲 事 在 人** : 일을 하는 것은 사람에게 있고,
길할 **길** 없을 **무** 아니 **불** 이로울 **리** **吉 無 不 利** : 길하여 이롭지 않음이 없느니라.	이룰 **성** 일 **사** 있을 **재** 하늘 **천** **成 事 在 天** : 일을 이루는 것은 하늘에 있으며,

人無遠慮면
難成大業이니

欲知未來인대
先察已然이니라

(해설)

하고자할 **욕** 알 **지** 아닐 **미** 올 **래**	사람 **인** 없을 **무** 멀 **원** 생각할 **려**
欲 知 未 來	人 無 遠 慮
: 미래를 알고자 할진대,	: 사람이 멀리 생각하지 않으면,
먼저 **선** 살필 **찰** 이미 **이** 그러할 **연**	어려울 **난** 이룰 **성** 큰 **대** 일 **업**
先 察 已 然	難 成 大 業
: 먼저 지나간 일을 살필지니라.	: 큰일을 이루기가 어려운 것이니,

器滿則溢 하고
人滿則喪 하니
順天者興 하고
逆天者亡 이니라

(해설)

순할 **순**	하늘 **천**	사람 **자**	일어날 **흥**		그릇 **기**	찰 **만**	곧 **즉**	넘칠 **일**
順	天	者	興		器	滿	則	溢
: 하늘의 뜻에 순응하는 자는 흥하고,					: 그릇이 차면 넘치고,			
거스를 **역**	하늘 **천**	사람 **자**	망할 **망**		사람 **인**	찰 **만**	곧 **즉**	잃을 **상**
逆	天	者	亡		人	滿	則	喪
: 하늘의 뜻을 거역하는 자는 망하느니라.					: 사람은 차면 잃으니,			

更無時節^{이니라} 卽時現今^{이며}　　反求諸己^{하고} 行有不得^{이면}

(해설)

곧 **즉** 때 **시** 나타날 **현** 이제 **금**	행할 **행** 있을 **유** 아니 **부** 얻을 **득**
卽　時　現　今	行　有　不　得
: 바로 지금이며,	: 행함이 있어 얻지 못하면,
다시 **갱** 없을 **무** 때 **시** 마디 **절**	돌이킬 **반** 구할 **구** 모두 **제** 몸 **기**
更　無　時　節	反　求　諸　己
: 다시 시절은 없느니라.	: 돌이켜 모든 것을 자신에게서 찾아야 하고,

先 知 後 行 하니 知 輕 重 行 하라

非 知 之 艱 이나 行 之 惟 難 이며

(해설)

먼저 **선** 알 **지** 뒤 **후** 행할 **행**	아닐 **비** 알 **지** 어조사 **지** 어려울 **간**
先 知 後 行	非 知 之 艱
: 아는 것이 먼저이고 행하는 것이 뒤이나,	: 아는 것이 어려운 것이 아니라,
알 **지** 가벼울 **경** 무거울 **중** 행할 **행**	행할 **행** 어조사 **지** 생각할 **유** 어려울 **난**
知 輕 重 行	行 之 惟 難
: 아는 것을 가벼이 하고, 행하는 것을 무겁게 하라.	: 행하는 것이 어려운 것이며,

不　見
勝　勝
則　則
止　起

하　하
라　고

以　以
時　備
興　待
事　時

하　하
며　고

(해설)

볼 견	이길 승	곧 즉	일어날 기
見	勝	則	起

: 승산이 보이면 싸우고,

아니 불	이길 승	곧 즉	그칠 지
不	勝	則	止

: 승산이 없으면 기다려라.

써 이	갖출 비	기다릴 대	때 시
以	備	待	時

: 준비함으로써 때를 기다리고,

써 이	때 시	일어날 흥	일 사
以	時	興	事

: 때가 되었을 때 일을 성사시키며,

逢山開道하고
遇水架橋하라

不入虎穴이면
不得虎子니라

(해설)

만날**봉** 뫼**산** 열**개** 길**도**	아니**불** 들**입** 범**호** 구멍**혈**
逢 山 開 道	不 入 虎 穴
: 산을 만나면 길을 내고,	: 호랑이 굴에 들어가지 않으면,
만날**우** 물**수** 시렁**가** 다리**교**	아니**부** 얻을**특** 범**호** 아들**자**
遇 水 架 橋	不 得 虎 子
: 물을 만나면 다리를 놓아라.	: 호랑이 새끼를 잡을 수 없느니라.

今臣戰船
尚有十二 니 이

舜臣不死 니라

(해설)

순임금 **순** 신하**신** 아니**불** 죽을 **사**	이제 **금** 신하**신** 싸울 **전** 배**선**
舜 臣 不 死	今 臣 戰 船
: 순신은 죽지 않았습니다,	: 신에게는 아직도 전선
백의종군에서 복권돼 다시 3도수군통제사가 된 충무공의 출사표	오히려 **상** 있을**유** 열**십** 두**이** 尚 有 十 二 : 열두 척이 있사오니,

必　必　　　　靜　勿
生　死　　　　重　令
卽　卽　　　　如　妄
死　生　　　　山　動

니　이　　　　하　하
라　요　　　　라　고

(해설)

반드시 **필** 죽을 **사** 곧 **즉** 날 **생**	말 **물** 하여금 **영** 망령될 **망** 움직일 **동**
必　死　卽　生	勿　令　妄　動
: 반드시 죽고자 하면 곧 살 것이요,	: 가벼이 움직이지 말고,
반드시 **필** 날 **생** 곧 **즉** 죽을 **사**	고요할 **정** 무거울 **중** 같을 **여** 뫼 **산**
必　生　卽　死	靜　重　如　山
: 반드시 살고자 하면 곧 죽을 것이니라.	: 태산같이 침착하고 무겁게 행동하라.

三尺誓天 하니

山河動色 하고

一揮掃蕩 하니

血染山河 니라

(해설)

석 **삼** 자 **척** 맹세할 **서** 하늘 **천**
三 尺 誓 天
: 석 자 칼로 하늘에 맹세하니,

뫼 **산** 물 **하** 움직일 **동** 빛 **색**
山 河 動 色
: 산과 물이 떨고,

한 **일** 휘두를 **휘** 쓸 **소** 쓸어버릴 **탕**
一 揮 掃 蕩
: 한번 휘둘러 쓸어버리니,

피 **혈** 물들일 **염** 뫼 **산** 물 **하**
血 染 山 河
: 피가 강산을 물들이니라.

竊鍼不休하면
終必竊牛하며

三歲之習이
至于八十이니라

(해설)

석 **삼** 해 **세** 어조사 **지** 익힐 **습**

三 歲 之 習

: 세 살 적 버릇이,

훔칠 **절** 침 **침** 아니 **불** 쉴 **휴**

竊 鍼 不 休

: 바늘 도둑이,

이를 **지** 어조사 **우** 여덟 **팔** 열 **십**

至 于 八 十

: 여든까지 가느니라.

마칠 **종** 반드시 **필** 훔칠 **절** 소 **우**

終 必 竊 牛

: 소 도둑 되며,

瞬　今　昔
或　目　乃　以
喪　目　苦　甘
厥　不　吐　茹
鼻　亞

니　이　하　하
라　면　며　고

(해설)

깜짝일순 눈목 아니불 빠를극	옛석 써이 달감 먹을여
瞬 目 不 亞	昔 以 甘 茹
: 눈 감으면,	: 달면 삼키고,
혹혹 잃을상 그궐 코비	이제금 이에내 쓸고 토할토
或 喪 厥 鼻	今 乃 苦 吐
: 코 베어가는 세상이니라.	: 쓰면 뱉으며,

一日之狗는

不知畏虎하며

他人之宴에

日梨日柿니라

(해설)

다를 **타** 사람 **인** 어조사 **지** 잔치 **연**	한 **일** 날 **일** 어조사 **지** 개 **구**
他 人 之 宴	一 日 之 狗
: 남의 잔치에,	: 하룻강아지는,
가로 **왈** 배나무 **리** 가로 **왈** 감나무 **시**	아닐 **부** 알 **지** 두려워할 **외** 범 **호**
日 梨 日 柿	不 知 畏 虎
: 배 놓아라 감 놓아라 하니라.	: 범 무서운지 모르며,

予所憎兒는
先抱之懷하라

直木先伐하고
甘井先竭이니

(해설)

나 **여** 바 **소** 미워할 **증** 아이 **아**

予 所 憎 兒

: 미운 아이,

먼저 **선** 안을 **포** 어조사 **지** 품을 **회**

先 抱 之 懷

: 떡 하나 더 주어라.

곧을 **직** 나무 **목** 먼저 **선** 칠 **벌**

直 木 先 伐

: 곧은 나무는 먼저 베어지고,

달 **감** 우물 **정** 먼저 **선** 다할 **갈**

甘 井 先 竭

: 맛있는 우물은 먼저 마르니,

用人勿疑 하라　疑人勿用 하고

人心難知 니　水深可知 나

(해설)

의심할 **의**	사람 **인**	말 **물**	쓸 **용**
疑	人	勿	用

: 사람을 의심하면 쓰지 말고,

쓸 **용**	사람 **인**	말 **물**	의심할 **의**
用	人	勿	疑

: 사람을 썼거든 의심하지 말라.

물 **수**	깊을 **심**	가히 **가**	알 **지**
水	深	可	知

: 물의 깊이는 알 수 있으나,

사람 **인**	마음 **심**	어려울 **난**	알 **지**
人	心	難	知

: 사람 마음은 알기 어려우니,

施惠勿念하고
受恩勿忘하라

始用升授하고
迺以斗受하니

(해설)

베풀 시 은혜 혜 말 물 생각할 념	비로소 시 쓸 용 되 승 줄 수
施 惠 勿 念	始 用 升 授
: 은혜를 베풀 때에는 받을 생각 하지 말고,	: 되로 주고,
받을 수 은혜 은 말 물 잊을 망	이에 내 써 이 말 두 받을 수
受 恩 勿 忘	迺 以 斗 受
: 은혜 입은 것은 잊지 말아라.	: 말로 받는 것이니,

登高自卑하고
行遠自邇하니
千里之行도
始於足下니라

(해설)

일천 **천** 마을 **리** 어조사 **지** 갈 **행**	오를 **등** 높을 **고** 스스로 **자** 낮을 **비**
千 里 之 行	登 高 自 卑
: 천리 길도,	: 높이 오르려면 낮은 곳에서 시작하고,
비로소 **시** 어조사 **어** 발 **족** 아래 **하**	갈 **행** 멀 **원** 스스로 **자** 가까울 **이**
始 於 足 下	行 遠 自 邇
: 한 걸음부터 이니라.	: 멀리 가려면 가까운 곳에서 시작해야 하니,

纔食一匙에
不救腹飢랴

行百里者는
半九十里니

(해설)

겨우 **재** 밥 **식** 한 **일** 숟가락 **시**	갈 **행** 일백 **백** 마을 **리** 사람 **자**
纔 食 一 匙	行 百 里 者
: 첫 술에,	: 백리 길을 가는 사람은,
아니 **불** 구원할 **구** 배 **복** 주릴 **기**	반 **반** 아홉 **구** 열 **십** 마을 **리**
不 救 腹 飢	半 九 十 里
: 배 부르랴.	: 구십 리를 반으로 여기느니,

亦于硬土에
行潦之聚니
雖臥馬糞이라도
此生可願이니라

(해설)

또 **역** 어조사 **우** 단단할 **경** 흙 **토**	비록 **수** 누울 **와** 말 **마** 똥 **분**
亦 于 硬 土	雖 臥 馬 糞
: 단단한 땅에,	: 말똥 밭에 굴러도,
갈 **행** 물이름 **료** 어조사 **지** 모일 **취**	이 **차** 날 **생** 옳을 **가** 원할 **원**
行 潦 之 聚	此 生 可 願
: 물 고이니,	: 이승이 좋으니라.

禍　福　一
自　雖　日
遠　未　行
矣　至　善
요　　나　　이면

(해설)

재앙 **화**	스스로 **자**	멀 **원**	어조사 **의**	한 **일**	날 **일**	행할 **행**	착할 **선**

<table>
<tr><td align="center">禍　自　遠　矣</td><td align="center">一　日　行　善</td></tr>
<tr><td>: 재앙은 스스로 멀어질 것이요.</td><td>: 하루 선을 행하면,</td></tr>
</table>

복 **복**	비록 **수**	아닐 **미**	이를 **지**

福　雖　未　至

: 복이 비록 이르지 않으나,

福　禍　一
自　雖　日
遠　未　行
矣　至　惡
니　　나　　이
라　　　　　면

(해설)

복복　스스로자　멀원　어조사의	한일　날일　행할행　악할악
福　自　遠　矣	一　日　行　惡
: 복은 스스로 멀어지니라.	: 하루 악을 행하면,
	재앙화　비록수　아닐미　이를지
	禍　雖　未　至
	: 재앙은 비록 이르지 않으나,

隨處作主하고
立處皆眞하라

仁者樂山하니
智者樂水하고

(해설)

따를 **수**	곳 **처**	지을 **작**	주인 **주**	지혜 **지**	사람 **자**	좋아할 **요**	물 **수**
隨	處	作	主	智	者	樂	水

: 가는 곳마다 주인이 되고,　　　: 지혜로운 자는 물을 좋아하고,

설 **입**	곳 **처**	다 **개**	참 **진**	어질 **인**	사람 **자**	좋아할 **요**	뫼 **산**
立	處	皆	眞	仁	者	樂	山

: 서 있는 곳마다 다 참되게 하라.　　　: 어진 사람은 산을 좋아하니,

家　身
健　和
萬　事
亨　通
하　하
고　며

家　世
傳　守
忠　仁
孝　敬
하　하
고　라

(해설)

집 **가** 전할 **전** 충성 **충** 효도 **효**	집 **가** 건강할 **건** 일만 **만** 형통할 **형**
家 傳 忠 孝	**家 健 萬 亨**
: 가정에서는 충과 효를 전하고,	: 가정이 건강하면 만사가 형통하고,
세상 **세** 지킬 **수** 어질 **인** 공경할 **경**	몸 **신** 화할 **화** 일 **사** 통할 **통**
世 守 仁 敬	**身 和 事 通**
: 사회에서는 인과 공경을 지키도록 하라.	: 몸이 화평하면 일이 잘되며,

萬 千　建 立
福 災　陽 春
雲 雪　多 大
興 消　慶 吉

하 하　하 하
라 고　며 고

(해설)

일천 천　재앙 재　눈 설　사라질 소	설 입　봄 춘　큰 대　길할 길
千 災 雪 消	立 春 大 吉
: 천 가지 재앙이 눈처럼 사라지고,	: 봄이 시작되니 크게 길하고,
일만 만　복 복　구름 운　일어날 흥	세울 건　볕 양　많을 다　경사 경
萬 福 雲 興	建 陽 多 慶
: 만 가지 복이 구름처럼 일어나라.	: 경사스러운 일이 많이 생기기를 기원하며,

惟聖之謨 非我言耄 敬受此書 嗟嗟小子

시니라 라 하라 아

(해설)

아닐 **비** 나 **아** 말씀 **언** 늙은이 **모**	탄식할 **차** 탄식할 **차** 작을 **소** 아들 **자**
非 我 言 耄	嗟 嗟 小 子
: 내 말은 늙은이의 말이 아니라 ,	: 아! 제자들아 ,
오직 **유** 성인 **성** 어조사 **지** 가르칠 **모**	공경할 **경** 받을 **수** 이 **차** 글 **서**
惟 聖 之 謨	敬 受 此 書
: 오직 성인의 가르침이니라.	: 공경히 이 글을 받아라.

사자
소가 되어
학으로 날다

ⓒ 고석헌, 2022

초판 1쇄 발행 2022년 4월 1일

지은이   고석헌
그림   정세종
펴낸이   이기봉
편집   좋은땅 편집팀
펴낸곳   도서출판 좋은땅
주소   서울특별시 마포구 양화로12길 26 지월드빌딩 (서교동 395-7)
전화   02)374-8616~7
팩스   02)374-8614
이메일   gworldbook@naver.com
홈페이지   www.g-world.co.kr

ISBN   979-11-388-0782-1 (03190)